SEM TERRA
EM CARTAZ

MOVIMENTO DOS TRABALHADORES RURAIS SEM TERRA

sumário

Apresentação	09
Povos Indígenas	10
Canudos	36
Romarias	40
Dia do Trabalhador Rural	52
Reforma Agrária	70
Violência no Campo	84
Mártires	100
Campanhas e jornadas	116
Cultura	144
Congressos, encontros e debates	160
Solidariedade internacional	208
Homenagens	226
MST	236
Novas expressões	276

Douglas Mansur

apresentação

A memória histórica das lutas coletivas de um povo é registrada de muitas formas. Por meio de fotos, vídeos, livros, depoimentos... e na memória de seus participantes.

Nosso povo promoveu muitas batalhas por seus direitos e por uma sociedade mais justa e igualitária. A luta contra a escravidão, uma excrescência do capitalismo, durou quase 400 anos. A luta dos operários pelos direitos trabalhistas percorreu todo o século XX.

A luta de nosso povo pela democratização da terra também vem de longe. E os primeiros movimentos camponeses – com um claro programa de distribuição da terra – vem das epopeias de Canudos e do Contestado etc., também percorreram todo o século XX com o surgimento de outros movimentos populares no campo, como as Ligas Camponesas, as Ultabs, o MASTER e as ações das pastorais da Igreja Católica.

Na década de 1970, no cerne das lutas pela redemocratização do país, ressurgiu o movimento camponês no Brasil, depois de vinte anos de repressão (1964-1984), na luta por direitos e pela reforma agrária.

Nosso movimento, o MST, é fruto de todas essas lutas históricas. Apreendemos com elas e delas somos herdeiros.

Por isso, num trabalho coletivo, organizamos aqui uma memória histórica das lutas das últimas décadas, resgatando cartazes que foram editados em todo o Brasil e que difundiram, celebraram e motivaram a luta pela terra e a causa da reforma agrária. Graças aos centros de memória como a Comissão Pastoral da Terra (CPT), o Centro Pastoral Vergueiro (CPV), o IBASE, o Centro de Documentação e Memória da Unesp (Cedem) e peças do próprio arquivo do MST, nós reunimos centenas de cartazes que circularam na sociedade. Agradecemos a todas as organizações que colaboraram conosco.

Das centenas de cartazes que recebemos, chegamos a uma seleção especial. Vocês também poderão acessar esta seleção, assim como os outros cartazes que não constam nela, em nossa página na internet: *www.mst.org.br*.

Neste livro, estão os cartazes que escolhemos como os mais representativos da história dos muitos movimentos do campo, das lutas dos povos negros e indígenas e, em especial, da trajetória do MST.

Esperamos, assim, contribuir para o resgate da memória histórica de todas as lutas populares no campo.

Setor de Educação e Cultura do MST
São Paulo, 2019.

povos indígenas

POVOS INDÍGENAS

"Queremos viver!" – esse é o grito profundo dos povos indígenas do Brasil e da América Latina há pelo menos 500 anos. Terra é vida e a vida é a terra, por isso, demarcação, garantia de existência, direitos e cultura preservada continuam ecoando forte como bandeiras de luta.

TERRA DOS ÍNDIOS
DIREITO SAGRADO

SEMANA DO ÍNDIO 86
14 a 20 de abril - CIMI/CNBB

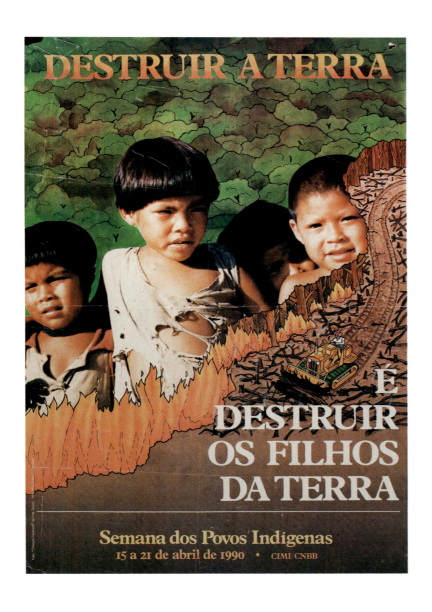
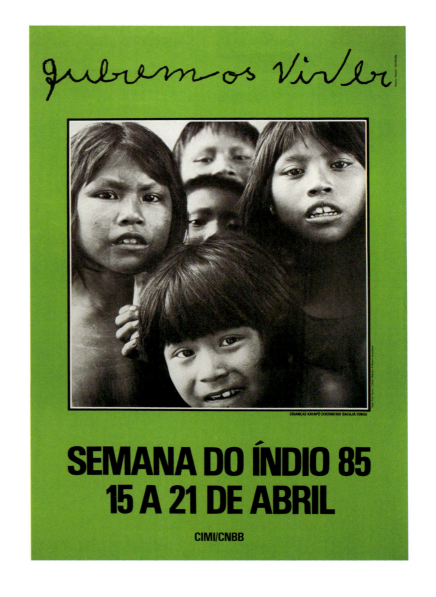

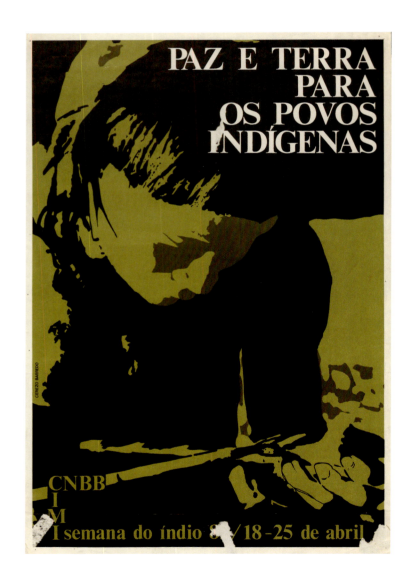

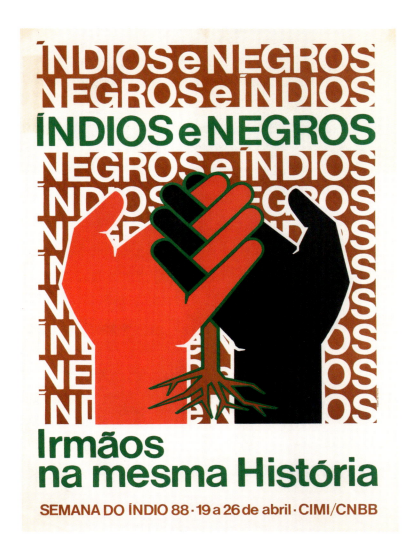
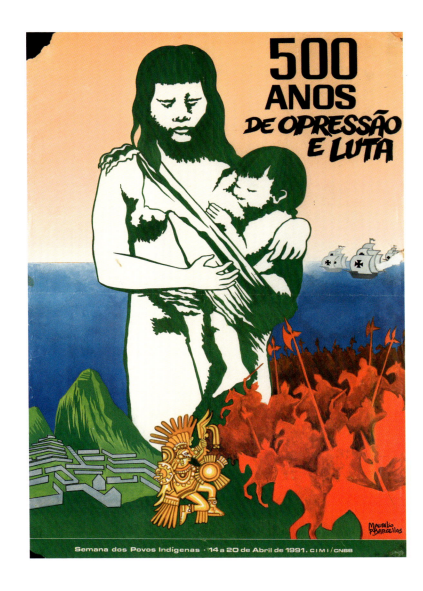

Movimento de Apoio à Resistência Waimiri/Atroari – Marewa

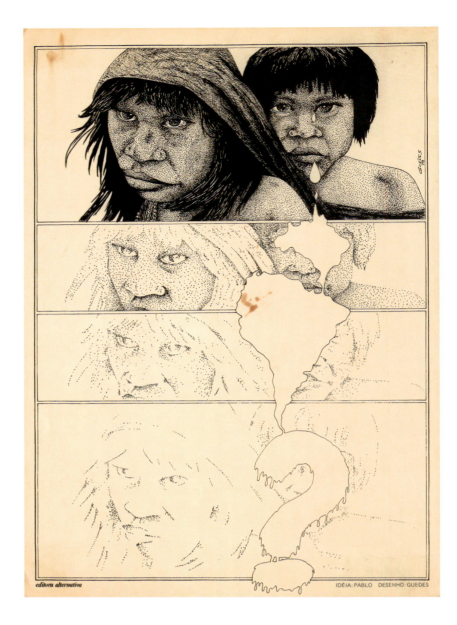

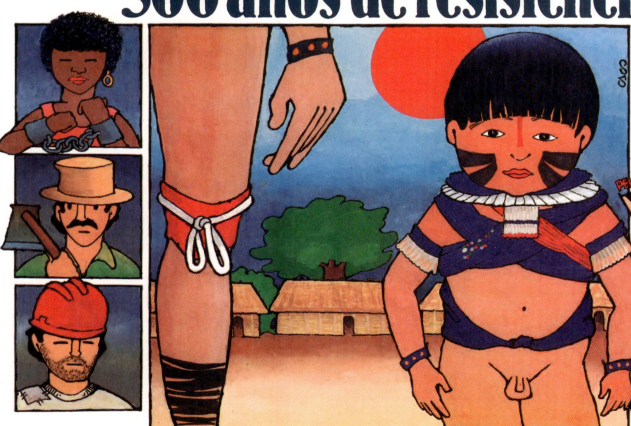

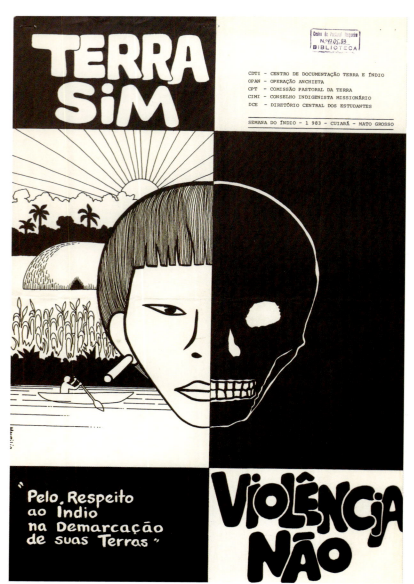

BALBINA
Ameaça e Destruição na Amazônia

WAIMIRI/ATROARI — MAREWA MOVIMENTO DE APOIO À RESISTÊNCIA
Apoio: Opan, Cimi, Prelazia de Itacoatiara (AM), CNBB (Norte I), Uni, CDDH (AM), CPT (AM), APPAM, Anaí (RS)

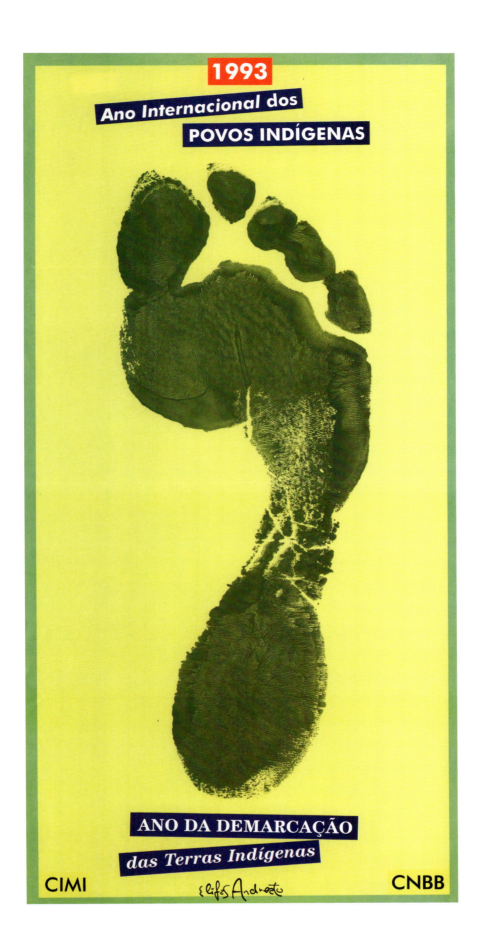

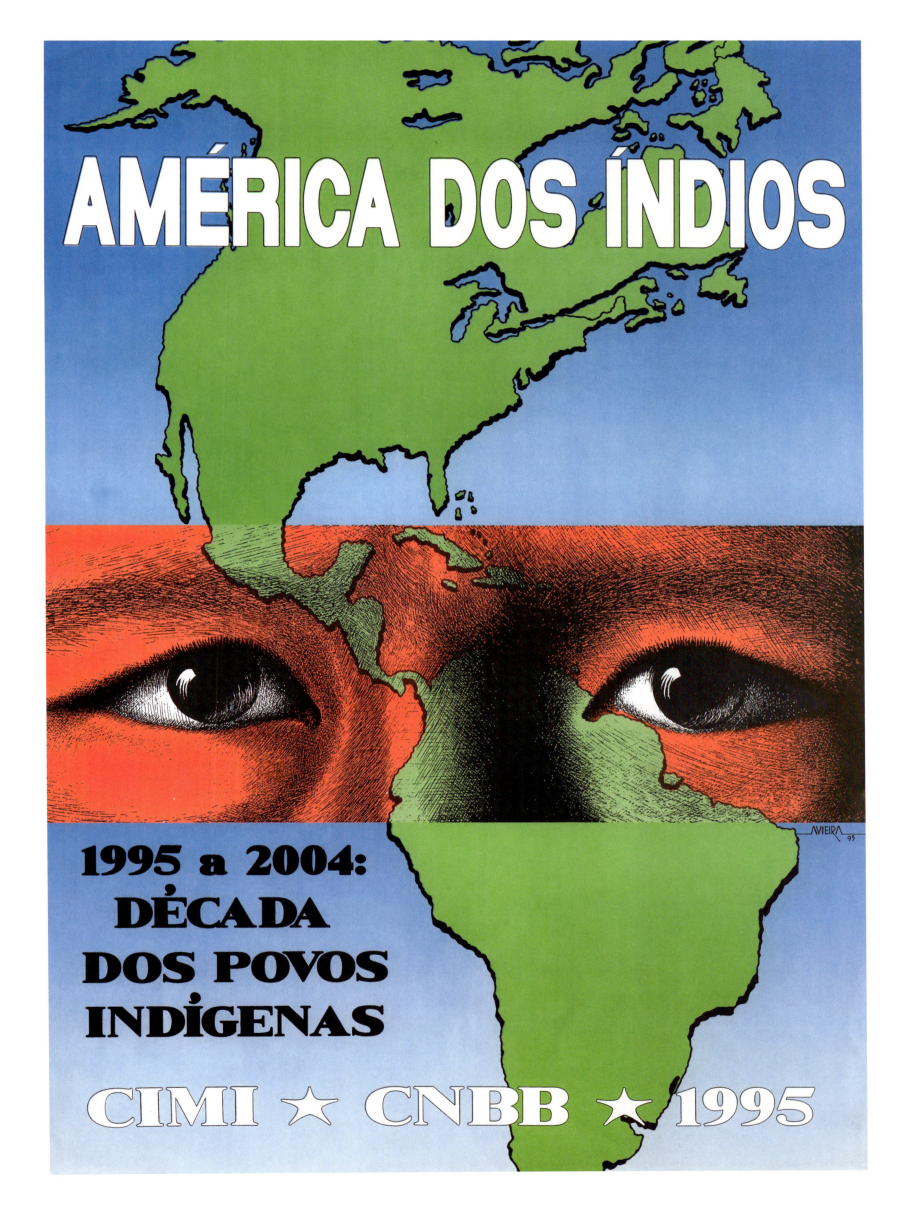

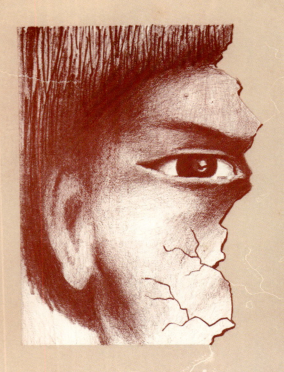
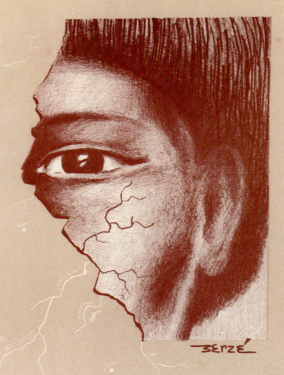

PELA REUNIFICAÇÃO DA ÁREA MAXAKALI

Minas, quem te viu nascer merece teu respeito

CIMI - Conselho Indigenista Missionário, CPT-MG - Comissão Pastoral da Terra de Minas Gerais, CEDEFES - Centro de Documentação Eloy Ferreira da Silva, Instituto Teológico Metodista, MRCB - Memorial Raízes Culturais Brasileiras, UNI - União das Nações Indígenas, Grupo Curare, Grupo de Solidariedade à Nicarágua Miguel D'Escoto, CPDH-BH - Comissão Pastoral de Direitos Humanos de Belo Horizonte, Federação Espírita Umbandista do Estado de Minas Gerais, Cooperativa Editora e de Cultura Médica Ltda, Jornal Porantim, Jornal Pelejando, SERPAJ - Serviço de Paz e Justiça, GETEC - Grupo de Trabalho e Ação Comunitária, PO-MG - Pastoral Operária de Minas Gerais, AMDA - Associação Mineira de Defesa Ambiental, FETAEMG - Federação dos Trabalhadores na Agricultura do Estado de Minas Gerais, Federação dos Congados de Nossa Senhora do Rosário do Estado de Minas Gerais, Jornal Integração, DCE - PUC-MG, FASE - Projeto Tecnologia Alternativa de Minas Gerais, Museu do Homem da UFMG, Renovação Cristã, PT-MG - Partido dos Trabalhadores de Minas Gerais, SENGE - Sindicato dos Engenheiros do Estado de Minas Gerais, APGEOMG - Associação Profissional de Geógrafos de Minas Gerais, APMIG - Associação Mineira de Geólogos, APDI - Associação Profissional de Desenhistas Industriais, SIMFARMIG - Sindicato dos Farmacêuticos do Estado de Minas Gerais, AEASP - Associação de Empregados de Empresas de Assessoria, Informação e Pesquisa, ASSECTMG - Associação dos Empregados do Sistema Operacional de Ciência e Tecnologia do Estado de Minas Gerais, SJPMG - Sindicato dos Jornalistas Profissionais do Estado de Minas Gerais, Associação Brasileira de Antropólogos, Sindicato dos Trabalhadores Rurais de Teófilo Otoni.

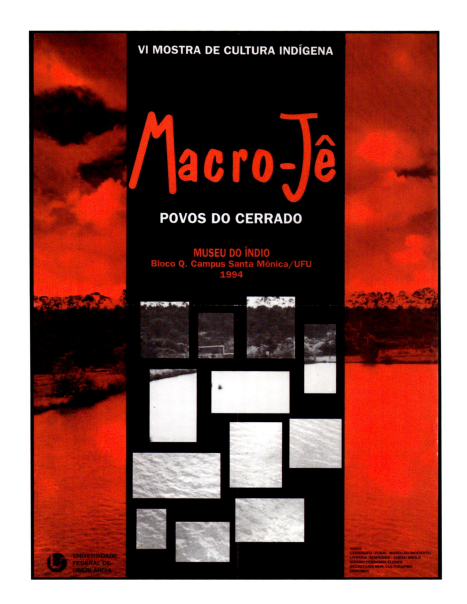

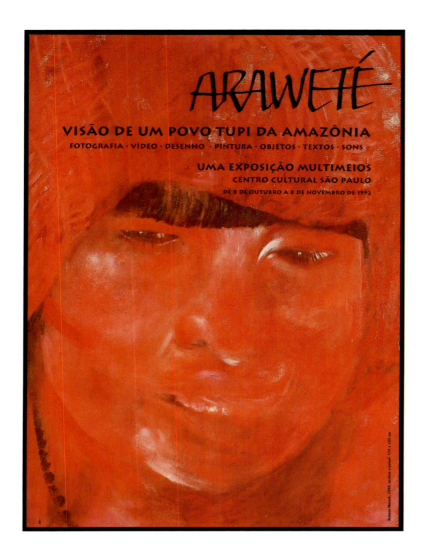

CANUDOS

Mais de 100 anos não foram suficientes para apagar a memória e o sonho da Terra Livre, Povo Livre que Canudos representa. Aqueles milhares massacrados em Belo Monte viraram semente e brotam a cada nova ocupação, a cada nova marcha, a cada novo território conquistado.

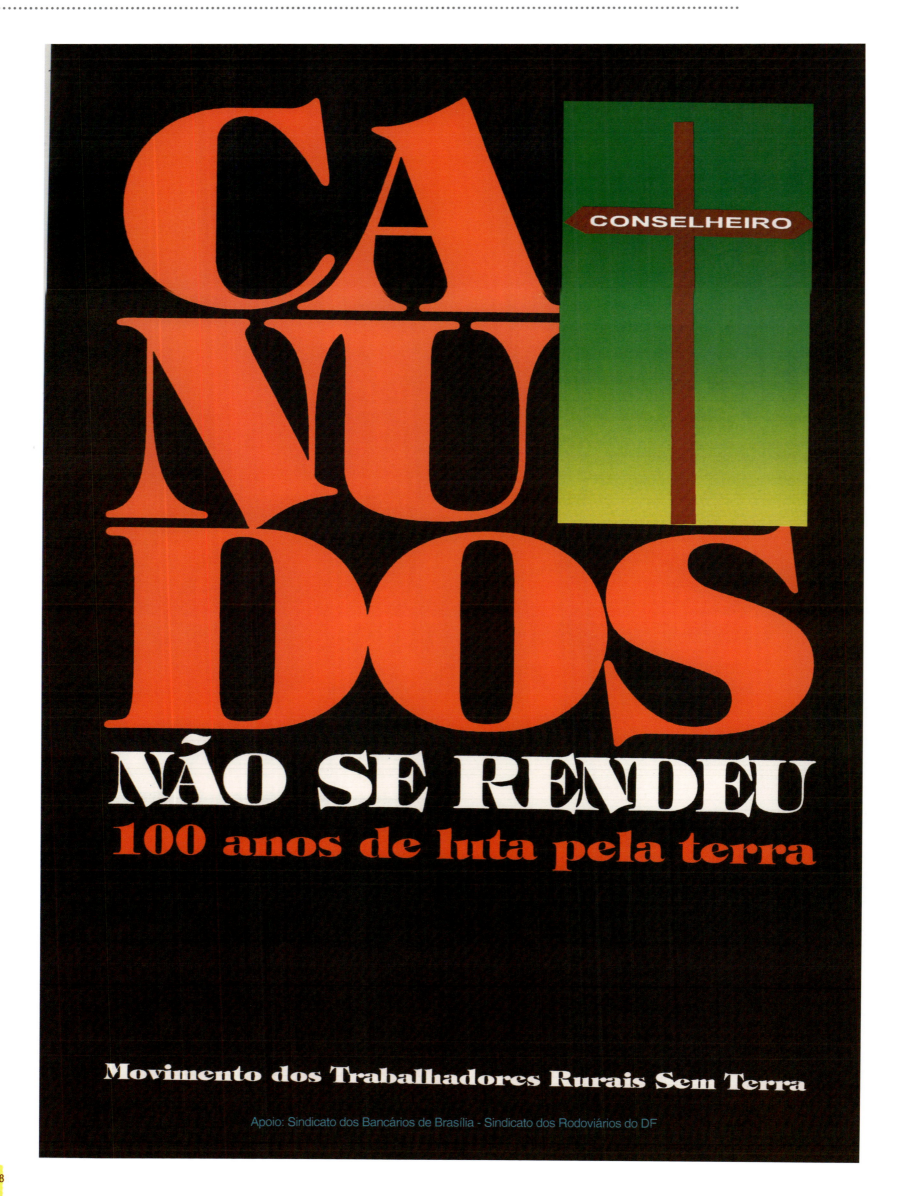

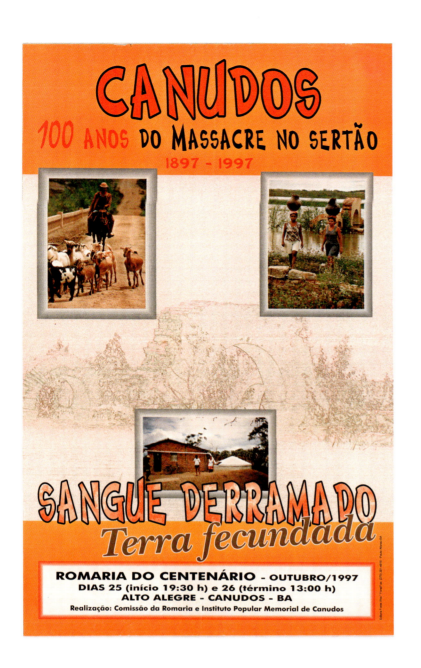

ROMARIAS

"Pés no chão e fé na caminhada e na luta." As romarias da terra, das águas, dos mártires, organizadas nas últimas décadas, em especial pela CPT e CEBs, mobilizam em caminhada milhares de pessoas movidas pela fé e luta por uma terra liberta e um mundo mais justo.

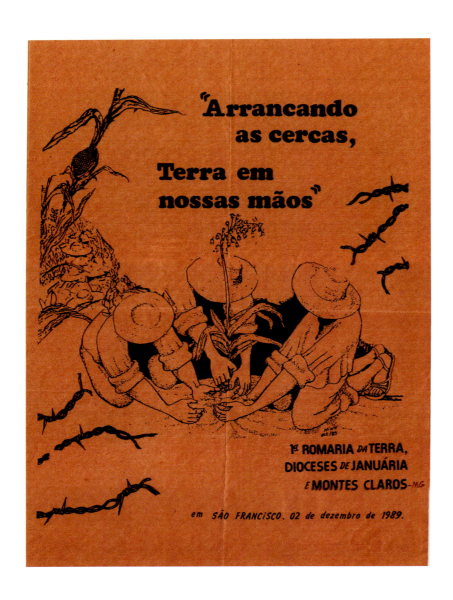

1ª ROMARIA DA TERRA

DIA 21 DE JULHO   RIBEIRÃO PRETO

Às 8 Horas da Manhã, Catedral de São Sebastião, Martir Até Sr. Bom Jesus, em Bonfim Paulista.

COMISSÃO PASTORAL DA TERRA
ARQUIDIOCESE DE RIBEIRÃO PRETO - LINHA PROFÉTICA

| LIVRARIA E EDIÇÕES PAULINAS
cada vez mais perto de você
Rua São sebastião, 621
14.015 – Ribeirão Preto – SP
Telefone: (016) 634-9203 | RODOVIÁRIO R S LTDA.
Transportes para todo Brasil
MATRIZ: Rua Pinheiro Machado, 904
Tel: 636-4796 – Ribeirão Preto SP
FILIAL: R. Carnot, 628 - Tels: 229-5638/ 2279583
São Paulo – Capital | S A L Á G U A – Comércio Varejista de Bebidas
Cerveja – Chop Kaiser – Refrigerantes Coca-Cola
Av. Antonio Paschoal, 310 – Tels. (016) 642-2565/ 642-5133
Residência 642-5166 – Sertãozinho SP | CENTER CÓPIAS – impressos & cópias
Cópias em Geral – Off Set – Composição – Plastificação
Encadernação – Serviços na Área de Informática
Rua Américo Brasiliense, 655 - Tel. 636-7459/ 625-8586
CEP 14.015 – Ribeirão Preto - SP |

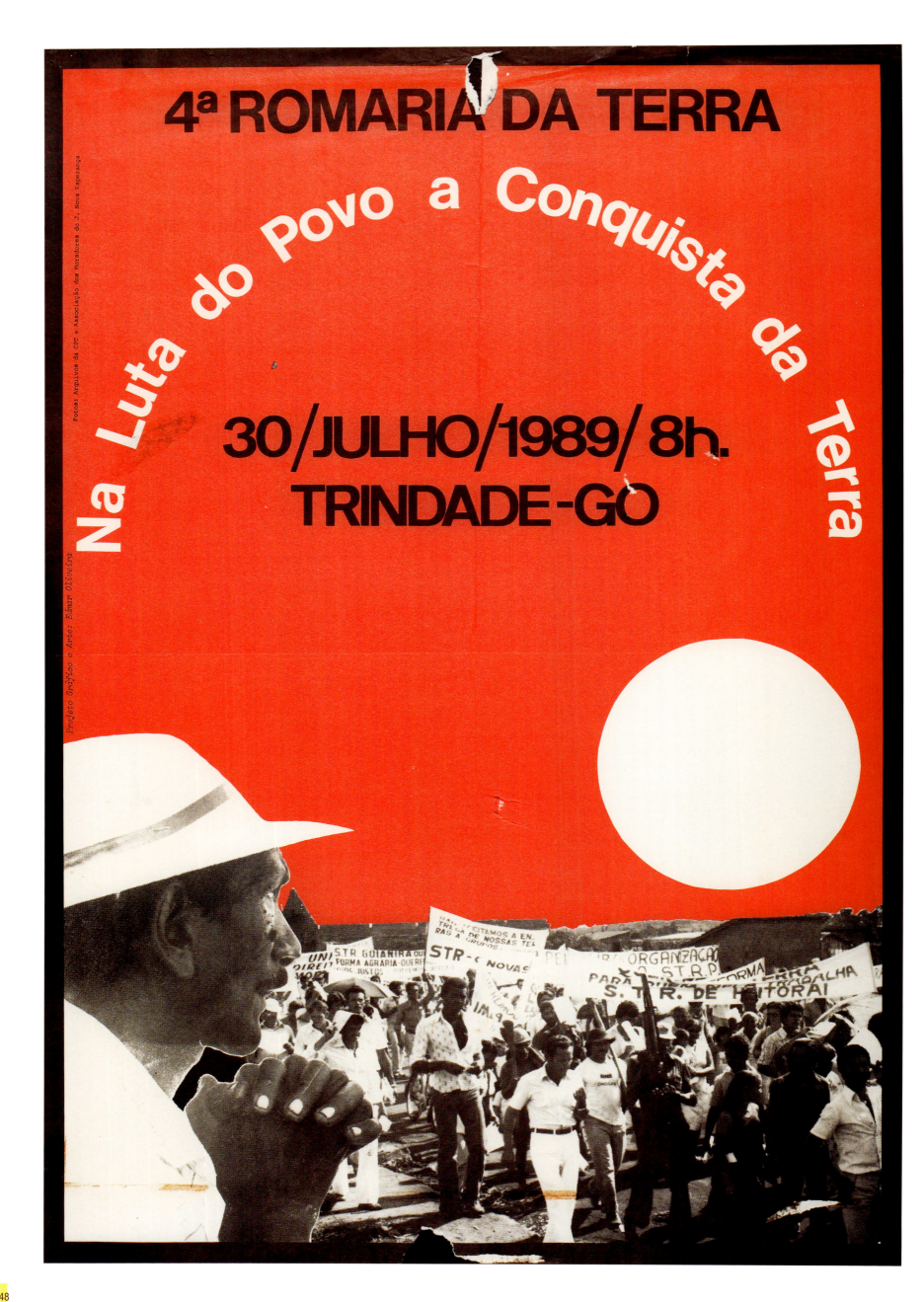

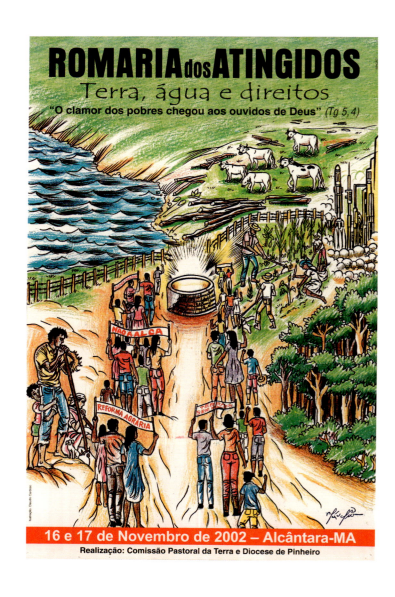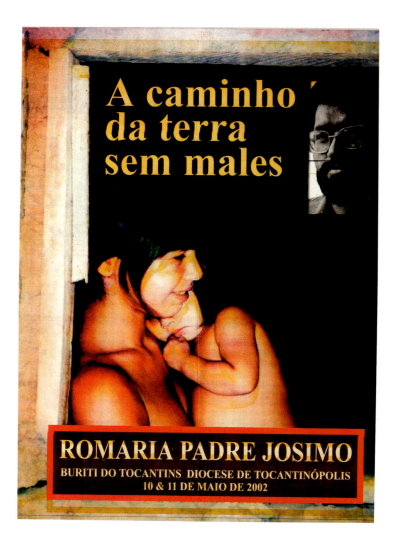

dia do trabalhador rural

DIA DO TRABALHADOR RURAL

25 de Julho é o dia em que comemoramos o trabalho que se dá pelas mãos de quem trabalha a terra. Mas é dia também de denúncia, de lembrar quem já não está presente, de chamar para a luta por essa terra que vai garantir o pão e a vida.

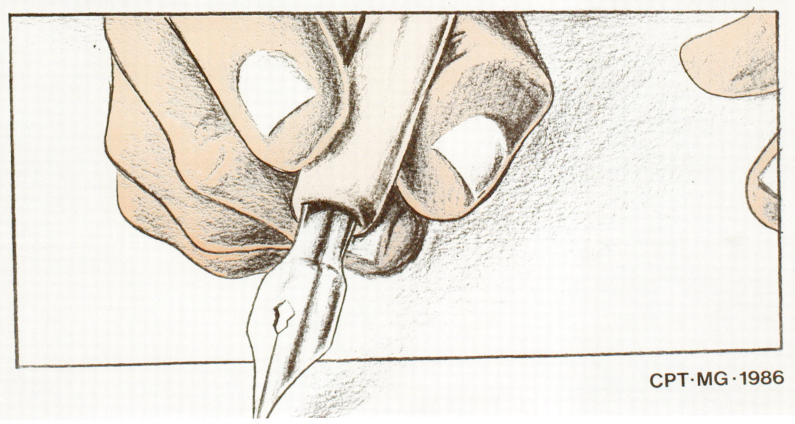

QUEREMOS TERRA, NÃO FOME!

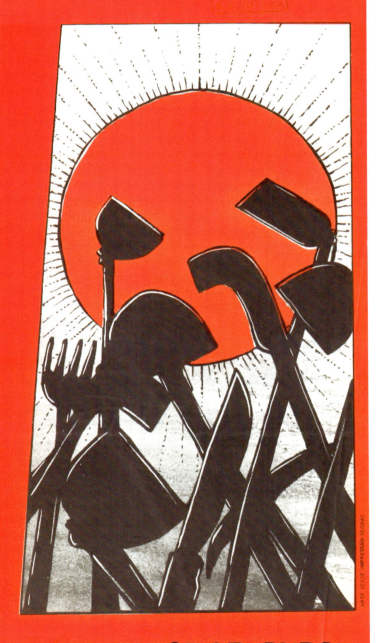

25 DE JULHO   DIA DO TRABALHADOR RURAL

COMISSÃO PASTORAL DA TERRA — DE MINAS GERAIS — 1985

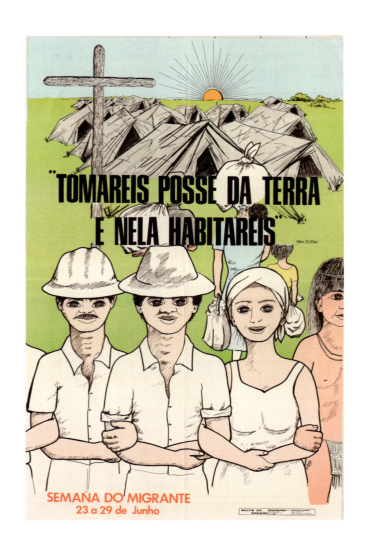
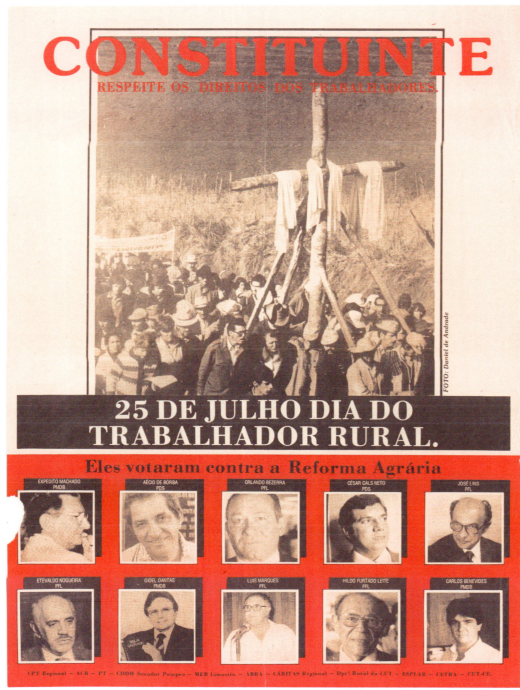

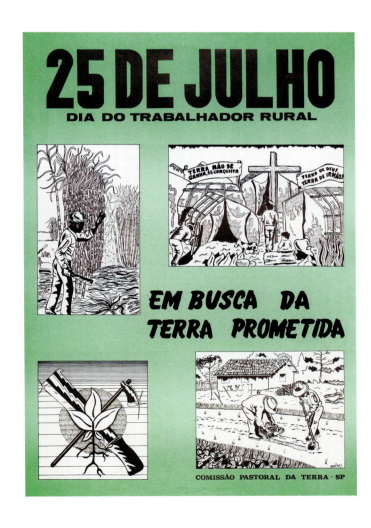

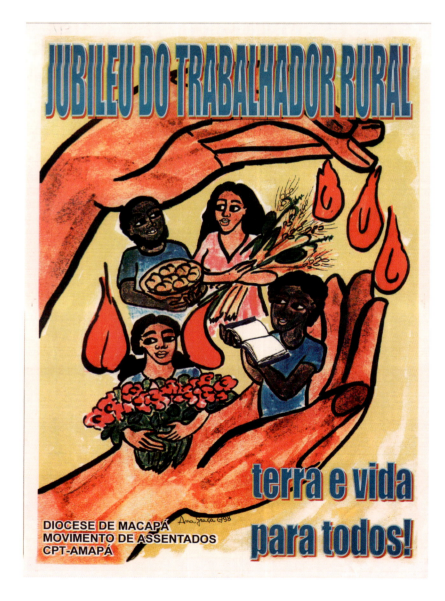

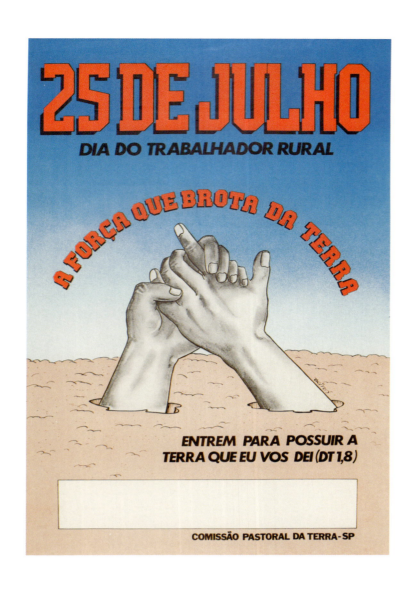

CALENDÁRIO DO LAVRADOR

ENQUANTO ELES VÃO COM MAPA
NÓS VAMOS COM NOSSOS CASOS
FURANDO FEITO UMA FACA
AQUELES MAPINHAS TÃO RASOS.

Serra do Ramalho - BA

CALENDÁRIO DO LAVRADOR

NÓS TEMOS SOFRIDO UM BOCADO
NÃO TEM NÚMERO QUE DÊ CONTA
NÃO DÁ PRA SER MAPEADO
AS COISAS QUE A VIDA APRONTA.

Serra do Ramalho - BA

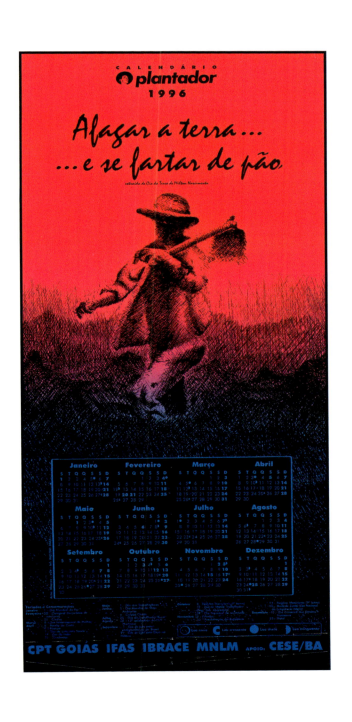
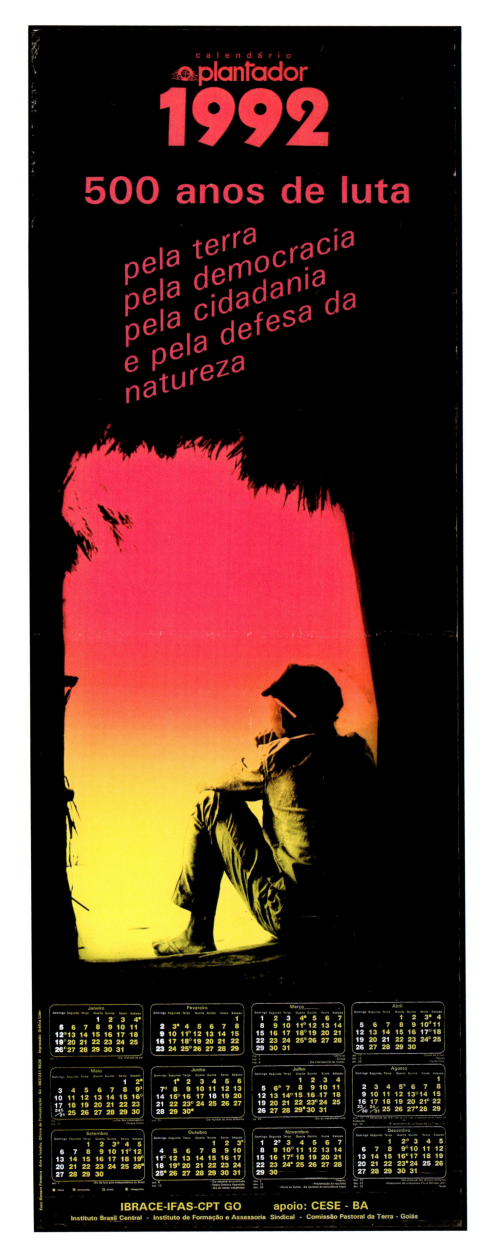

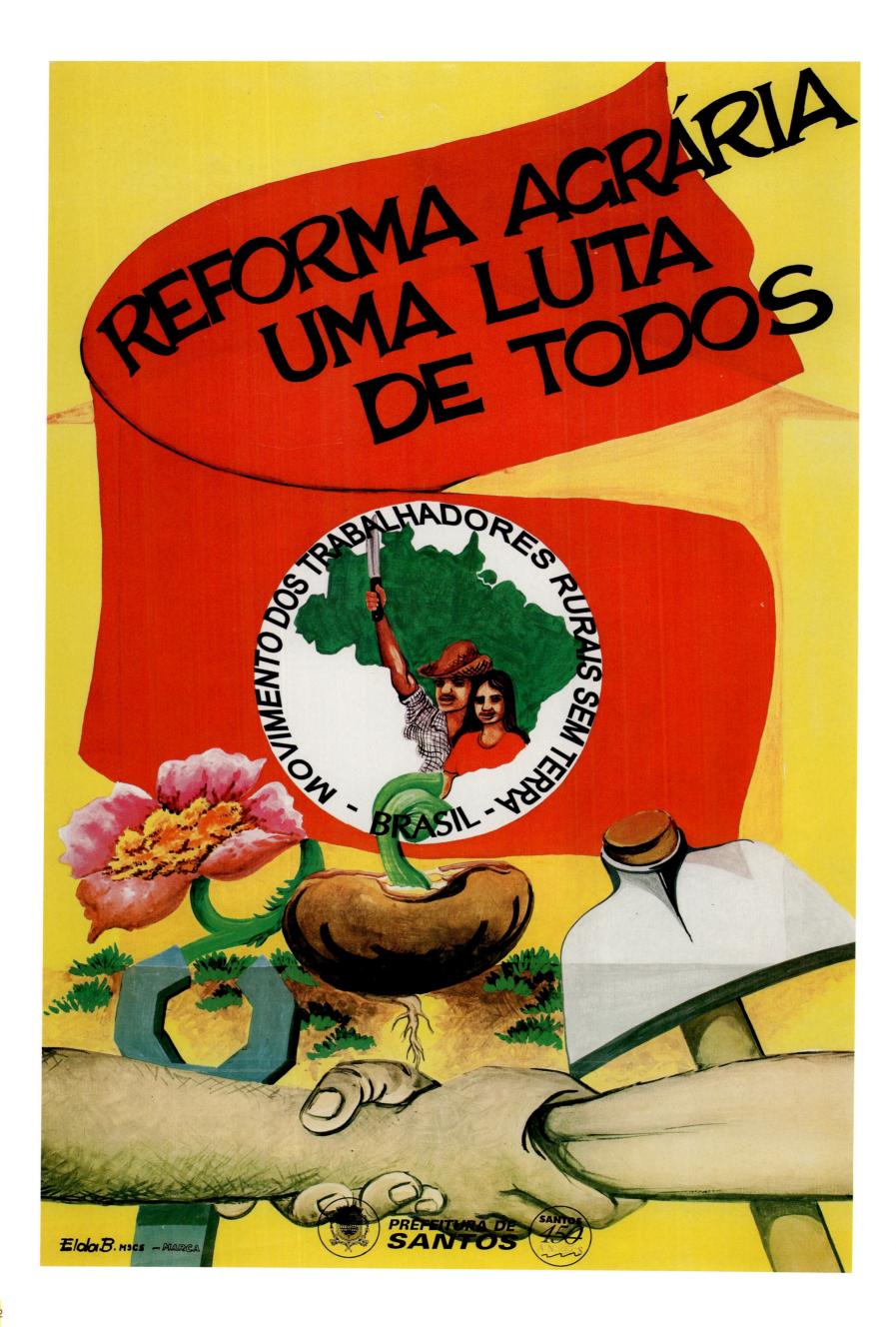

REFORMA AGRÁRIA

Uma luta histórica, uma luta de todos! Só a reforma agrária pode garantir a justiça, a democracia, a mesa farta , essa é a luta do MST: Lutar! Construir Reforma Agrária Popular!

NOSSOS COMPROMISSOS COM A TERRA E COM A VIDA

Os seres humanos são preciosos, pois sua inteligência, trabalho e organização podem proteger e preservar todas as formas de vida

1. Amar e preservar a terra e os seres da natureza.
2. Aperfeiçoar sempre nossos conhecimentos sobre a natureza e a agricultura.
3. Produzir alimentos para eliminar a fome da Humanidade. Evitar a monocultura e o uso de agrotóxicos.
4. Preservar a mata existente e reflorestar novas áreas.
5. Cuidar das nascentes, rios, açudes e lagos. Lutar contra a privatização da água.
6. Embelezar os assentamentos e comunidades, plantando flores, ervas medicinais, hortaliças e árvores.
7. Tratar adequadamente o lixo e combater qualquer prática de contaminação e agressão ao meio ambiente.
8. Praticar a solidariedade e revoltar-se contra qualquer injustiça, agressão e exploração contra a pessoa, a comunidade e a natureza.
9. Lutar contra o latifúndio para que todos possam ter terra, pão, estudo e liberdade.
10. Jamais vender a terra conquistada. A terra é um bem supremo para as gerações futuras.

Reforma Agrária:
por um Brasil sem latifúndio!

Carta da Terra

🍃 Um dia a vida surgiu na terra. A terra tinha com a vida um cordão umbilical. A vida e a terra. A terra era grande e a vida pequena. Inicial.

🍃 A vida foi crescendo e a terra ficando menor, não pequena. Cercada, a terra virou coisa de alguém, não de todos, não comum. Virou a sorte de alguns e a desgraça de tantos. Na história foi tema de revoltas, revoluções, transformações. A terra e a cerca. A terra e o grande proprietário. A terra e o sem terra. E a morte.

🍃 Muitas reformas se fizeram para dividir a terra, para torná-la de muitos e, quem sabe, até de todas as pessoas. Mas isso não aconteceu em todos os lugares. A democracia esbarrou na cerca e se feriu nos seus arames farpados. O mundo está evidentemente atrasado. Onde se fez a reforma o progresso chegou. Mas a verdade é que até agora a cerca venceu, o que nasceu para todas as pessoas, em poucas mãos ainda está.

🍃 No Brasil a terra, também cercada, está no centro da história. Os pedaços que foram democratizados custaram muito sangue, dor e sofrimento. Virou poder de Portugal, dos coronéis, dos grandes grupos, virou privilégio, poder político, base da exclusão, força de *apartheid*. Nas cidades virou mansões e favelas. Virou absurdo sem limites, tabu.

🍃 Mas é tanta, é tão grande, tão produtiva que a cerca treme, os limites se rompem, a história muda e ao longo do tempo o momento chega para pensar diferente: a terra é bem planetário, não pode ser privilégio de ninguém, é bem social e não privado, é patrimônio da humanidade e não arma do egoísmo particular de ninguém. É para produzir, gerar alimentos, empregos, viver. É bem de todos para todos. Esse é o único destino possível para a terra.

🍃 Assinam esta carta os que desejam mudar a terra, querem democratizar a terra, querem democracia na terra. Mas ainda neste século. Já se esperou demais. A democracia na terra é condição de cidadania. Esta é uma tarefa fundamental da **Ação da Cidadania**.

🍃 Que o novo presidente execute essa reforma. Que os novos governadores participem dessa mudança. E que a sociedade seja o verdadeiro ator dessa nova peça para mudar a face da terra. A partir daí a vida na terra será melhor.

Herbert de Sousa (Betinho)
Articulador Nacional da Ação da Cidadania.
Coordenador da Campanha Nacional pela Reforma Agrária

CARTA DA TERRA
em defesa da reforma agrária e da agricultura familiar

As organizações e movimentos sociais que atuam no campo lutam pela reforma agrária e pela agricultura familiar que garanta desenvolvimento sustentável e solidário com trabalho, renda, produção de alimentos para o mercado interno, soberania alimentar, e defendem:

1. A desapropriação dos latifúndios, o limite de tamanho das propriedades rurais, e o confisco de todas as terras com trabalho escravo e com plantas ilegais e drogas;

2. O respeito aos direitos humanos no campo, o combate à violência e à impunidade, e a demarcação das terras indígenas e de quilombolas;

3. O estímulo da agricultura familiar com créditos acessíveis, seguro agrícola, assistência técnica, preços justos e garantia de comercialização;

4. A implantação de agroindústrias cooperativas e associativas nos municípios do interior;

5. A produção de sementes pelos agricultores e a proibição da produção e comercialização de transgênicos;

6. O fomento de técnicas agrícolas não agressivas ao meio ambiente e a preservação e democratização do acesso à água;

7. A melhoria do sistema previdenciário, público e universal, com acesso e permanência dos trabalhadores e trabalhadoras rurais no Regime Geral da Previdência Social;

8. A implementação das diretrizes do Conselho Nacional de Educação nas escolas no campo, a erradicação do analfabetismo e a garantia do direito de todos à educação de qualidade em todos os níveis;

9. A garantia de igualdade de oportunidades e direitos para mulheres e jovens que corrijam discriminações decorrentes de práticas e sistemas sociais injustos;

10. A elaboração de políticas específicas para cada região, em especial para a convivência com o semi-árido brasileiro.

Nesta luta, as entidades e movimentos sociais se posicionam contrárias à criação da Área de Livre Comércio das Américas (ALCA) porque vem sendo imposta e representa o domínio das empresas estadunidenses sobre o continente e reivindicam a realização de um plebiscito que abra o diálogo e a participação da população.
Lutam para o fortalecimento da solidariedade e da cooperação entre os povos latino-americanos.

e Entidades do Fórum Nacional pela Reforma Agrária e Justiça no Campo.

Este cartaz foi uma sugestão de José Gomes da Silva

HEDIONDO
É O LATIFÚNDIO

Senadores e deputados federais inimigos da Reforma Agrária que aprovaram relatório da CPMI da Terra classificando as ocupações de latifúndios como *crime hediondo* e *ato terrorista*

SENADORES

Senador ÁLVARO DIAS
PSDB/PR

Foi presidente da CPMI da Terra

. Não colocou em votação pedidos de quebra de sigilo bancário e fiscal de entidades patronais que movimentaram mais de 1 bilhão de reais de recursos públicos;

. Não convocou fazendeiros envolvidos em ações ilegais que impediram o Incra de fazer vistorias ou com processo no Tribunal de Contas da União por mau uso de recursos públicos;

. Divulgou na imprensa, de forma ilegal, fatos mentirosos sobre dados sigilosos de movimentos e entidades de trabalhadores rurais com o único objetivo de desmoralizar a luta pela Reforma Agrária.

CESAR BORGES
PFL/BA

FLEXA RIBEIRO
PSDB/PA

GILBERTO GOELLNER
PFL/MT

JUVÊNCIO DA FONSECA
PDT/MS

MOZARILDO CAVALCANTI
PTB/RR

WELLINGTON SALGADO
PMDB/MG

DEPUTADOS

JOSUÉ BENGTSON
PTB/PA

LUIS CARLOS HEINZE
PP/RS

MAX ROSENMANN
PMDB/PR

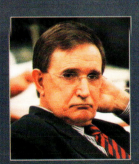
MOACIR MICHELETTO
PMDB/PR

ONYX LORENZONI
PFL/RS

XICO GRAZIANO
PSDB/SP

Deputado ABELARDO LUPION
PFL/PR

Autor do Relatório Substitutivo, aprovado pela comissão

. Está sendo processado no Supremo Tribunal Federal por fazer uso de caixa dois, onde movimentou, ilicitamente, mais de 4 milhões de reais em campanhas eleitorais (STF/Inquérito nº 1872-4/40);

. Defende sempre o não pagamento das dívidas dos latifundiários com o Estado;

. Defende os proprietários rurais acusados de criarem milícias privadas;

. É contra a emenda constitucional que propõe a expropriação de fazendas que utilizam trabalho escravo.

NÃO VOTE NELES!
Fórum Nacional pela Reforma Agrária e Justiça no Campo

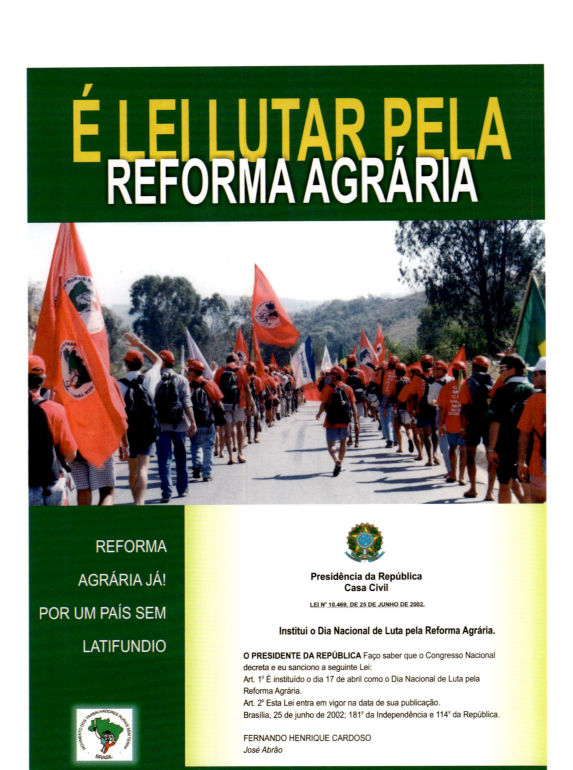

Cartaz de Manoel Cirilo

"Caminhar pela estrada
Sobre as pedras
De tropeços
De descasos
De injustiças
De violências
De impunidades
De angústias e medos e solidões
Às vezes cansados
Mas nas asas do vento
Brota uma esperança
Na luta por direitos
Vivamos!"

Airton Pereira

VIOLÊNCIA NO CAMPO

Despejos, prisões, agressões físicas e psicológicas, criminalização, assassinatos, impunidade. As formas da violência são múltiplas, mas assumem quase sempre graus de crueldade muito profundos. Nossa indignação precisa ser cada vez mais combustível – a luta segue!

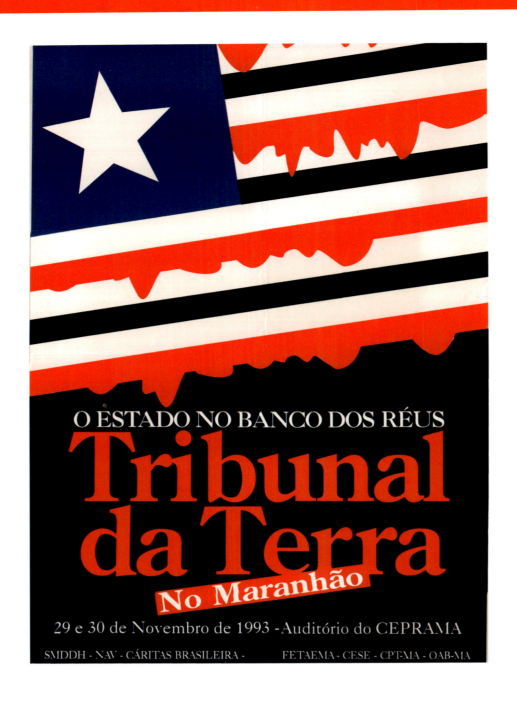

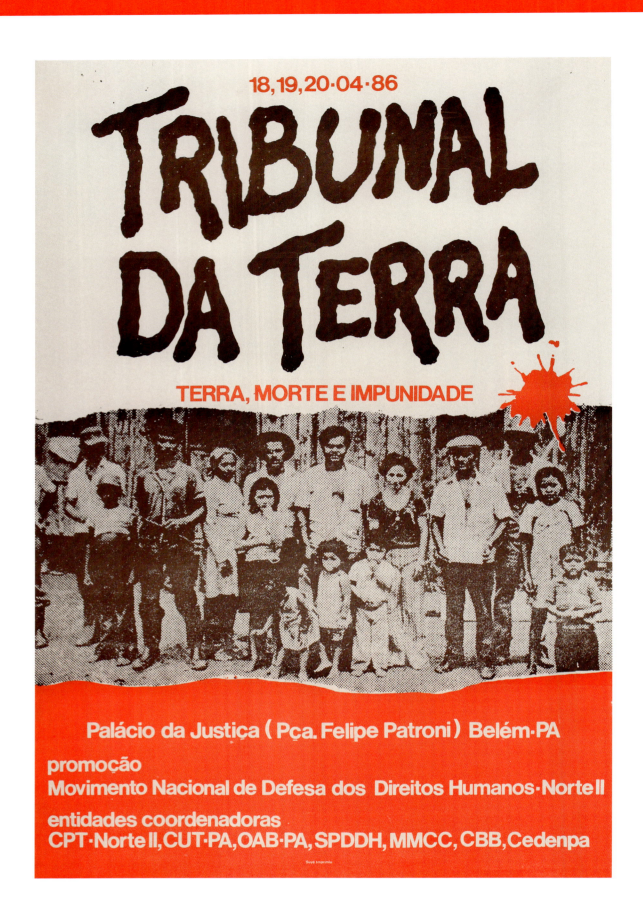

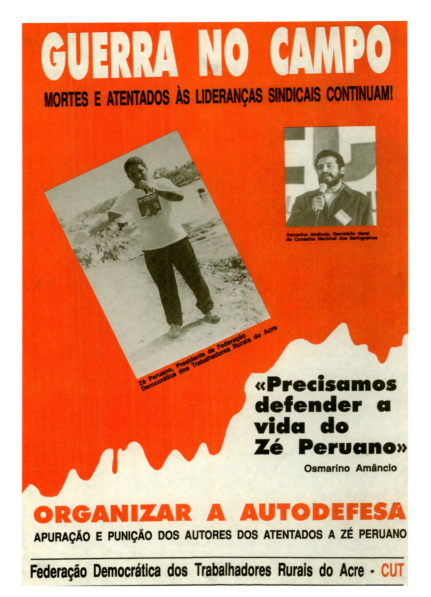

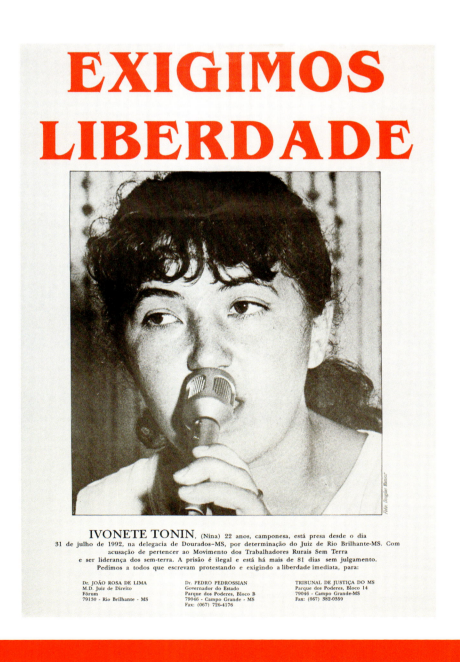

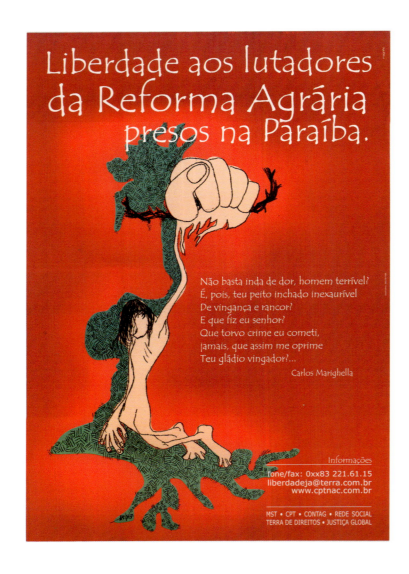
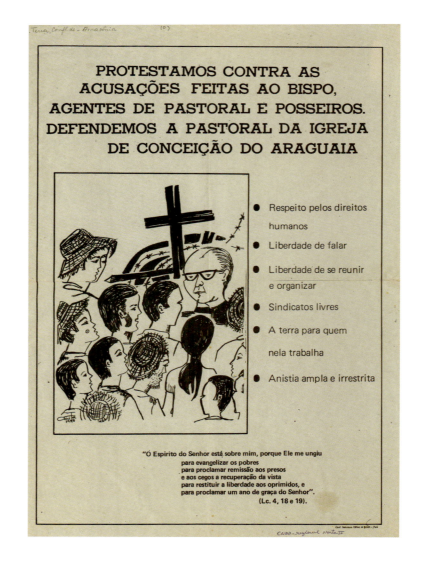

MÁRTIRES

Quem são esses mártires da terra que desafiaram tantos limites? Pegando emprestadas as palavras do poema de Pedro Tierra sobre Padre Josimo: são mulheres, homens, negros, indígenas, são jovens, são camponeses, são lideranças, são parceiros, são muitos, tantos! Em comum têm a luta, a resistência, a impunidade dos crimes que lhes tiraram a vida.

Josimo †10.05.86
mártir da terra e da justiça

Quem é esse menino negro
que desafia limites?

Apenas um homem.
Sandálias surradas.
Paciência e indignação.
Riso alvo.
Mel noturno.
Sonho irrecusável.

Lutou contra cercas.
Todas as cercas.
As cercas do medo.
As cercas do ódio.
As cercas da terra.
As cercas da fome.
As cercas do corpo.
As cercas do latifúndio.

Trago na palma da mão
um punhado da terra
que te cobriu.
Está fresca.
É morena, mas ainda não é livre
como querias.

Pedro Tierra

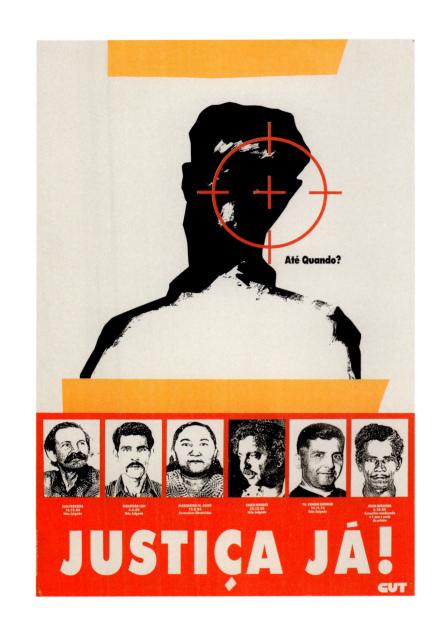

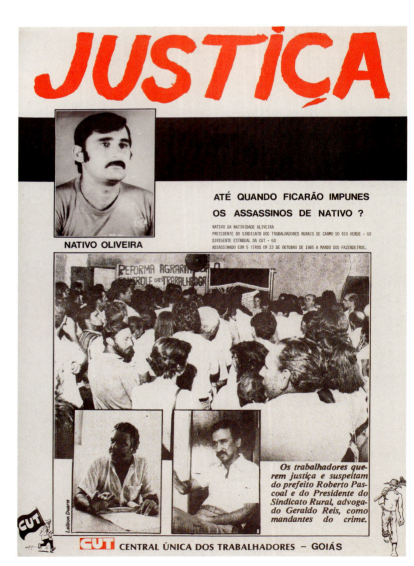

Salvador Alves dos Santos (Salvadorzinho)

Assassinado dia 16 de Setembro de 1985
em Vila Dom Elizeu-Paragominas
na luta pela Reforma Agrária.
Sua morte não foi em vão, a luta continua.

**Queremos punição
aos mandantes e pistoleiros.**

Será esta a terra que te cabe neste latifúndio?

Há 7 meses, 86 famílias estão acampadas na BR 153–km 2, exigindo o seu assentamento definitivo. Neste período, dois companheiros morreram acidentados e várias crianças encontram-se doentes e sujeitas ao mesmo risco. Enquanto isso, o INCRA demora 3 meses para dar o parecer de vistoria e a Comissão Agrária não se reune desde janeiro.

Diante deste quadro os acampados e as entidades de apoio responsabilizam o INCRA e convidam:

MISSA DE 7º DIA DE DIVINO PEIXOTO

DIA 22 DE MAIO DE 1987 ÀS 19 HORAS
NO ACAMPAMENTO DA BR 153, KM 2

APOIO: CPT-CENTRO SUL, IBRACE, MOVIMENTO SEM TERRA

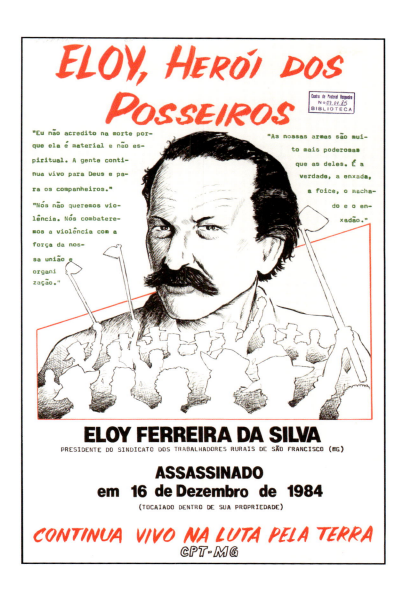

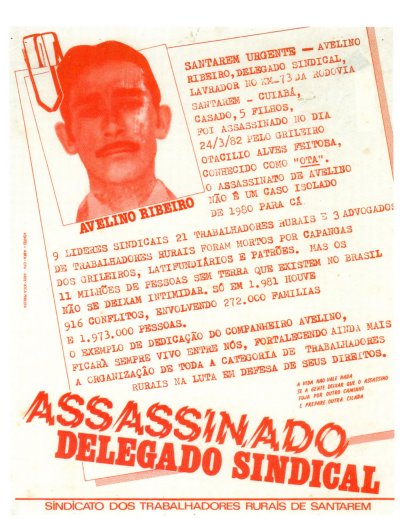

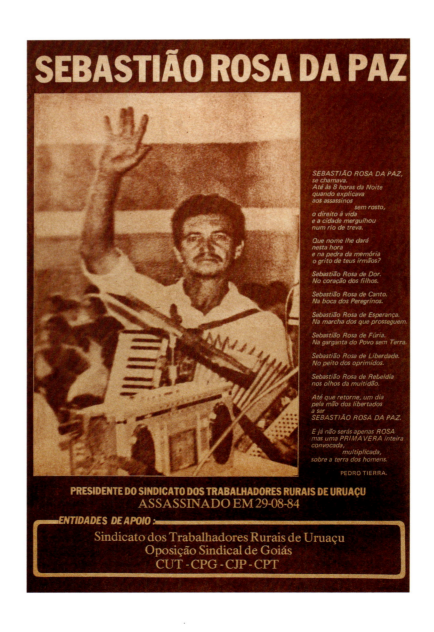

TODOS AO JULGAMENTO
DOS ASSASSINOS
DO SINDICALISTA RURAL
SEBASTIÃO LAN

JUSTIÇA

11 de Outubro de 1990

Cabo Frio

CUT - CPT

A Amazônia Resiste

Queremos Justiça e reforma agrária
Abaixo a grilagem e o latifúndio

Realização:

   **FASE CESE**
Fundo Dema

Apoio:

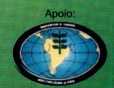

Fórum Nacional pela Reforma Agrária e Justiça no Campo

A SUA MORTE NÃO AMEDRONTARÁ OS TRABALHADORES RURAIS, NEM HAVERÁ DE SUFOCAR A NOSSA LUTA, POIS SABEMOS QUE DA TERRA REGADA PELO SANGUE DE MARGARIDA, SURGIRÃO MUITAS OUTRAS MARGARIDAS PARA CONTINUAR O SEU COMBATE AO LADO DOS EXPLORADOS E OPRIMIDOS.

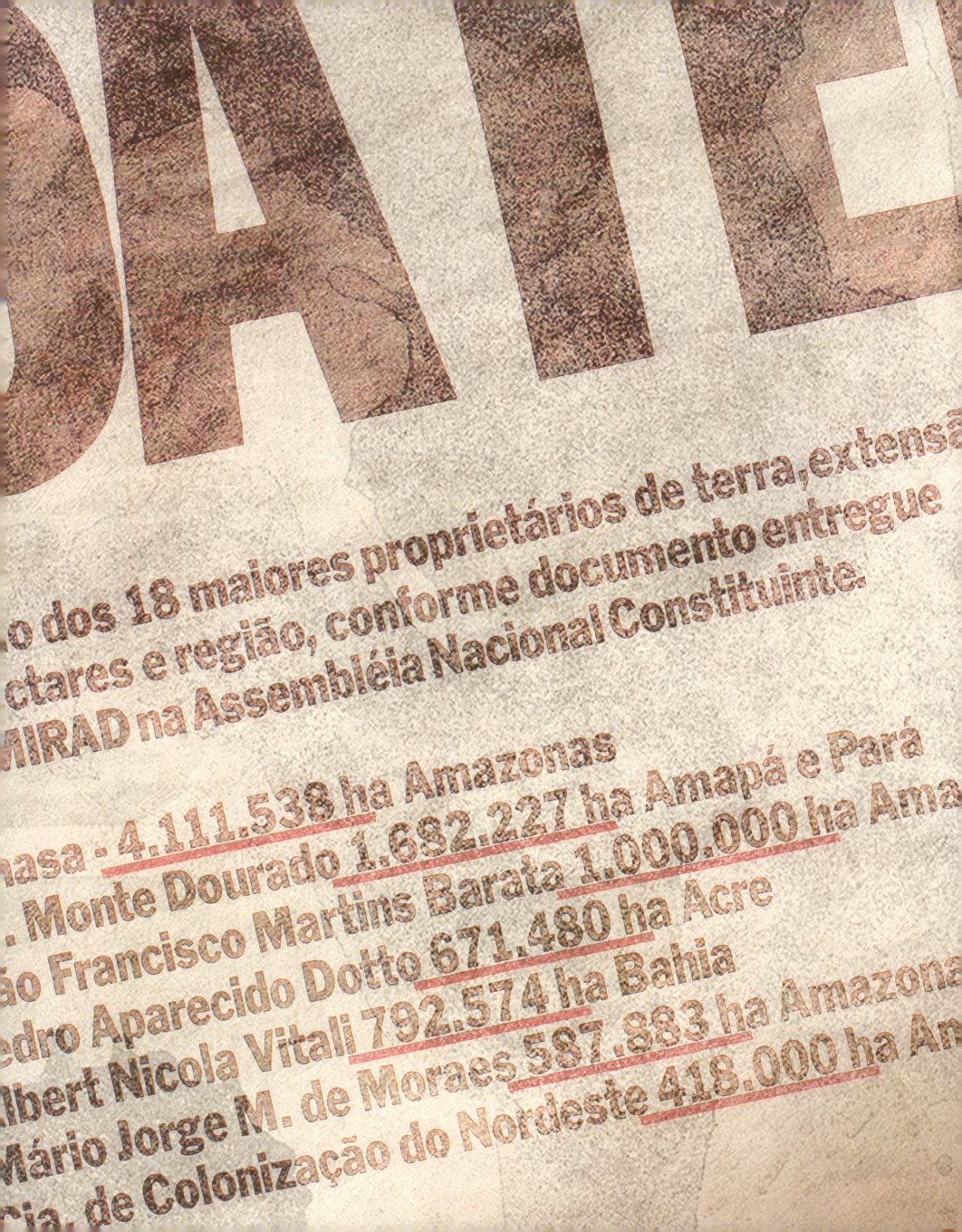

Companhia de Des. do Piauí 498.727 ha Piauí
Jussara Marques Paz 432.119 ha Amazonas
Aplub 2.188.460 ha Amazonas
Cotriguaçu S.A. 1.589.997 ha Mato Grosso
Manoel Meireles de Queiroz 975.000 ha Acre
Malih Hassan Elmaoula 661.173 ha Amazo
Agro Industrial do Amapá 540.613 ha Ama
Moraes Madeireiras Ltda. 577.336 ha Am
União de Construtoras S.A. 405.000 ha B
Silvio Modesto Toledo 392.000 ha Pará
Adão Medeiros Paz 432.119 ha Amazon

campanhas e jornadas

CAMPANHAS E JORNADAS

Por que lutamos? Quem está com a gente? A luta pela terra, pela reforma agrária é uma luta de todos. As campanhas informam, chamam à mobilização, conscientizam, denunciam, organizam a tão necessária solidariedade, reafirmam a urgência da luta: "Reforma Agrária Já!"

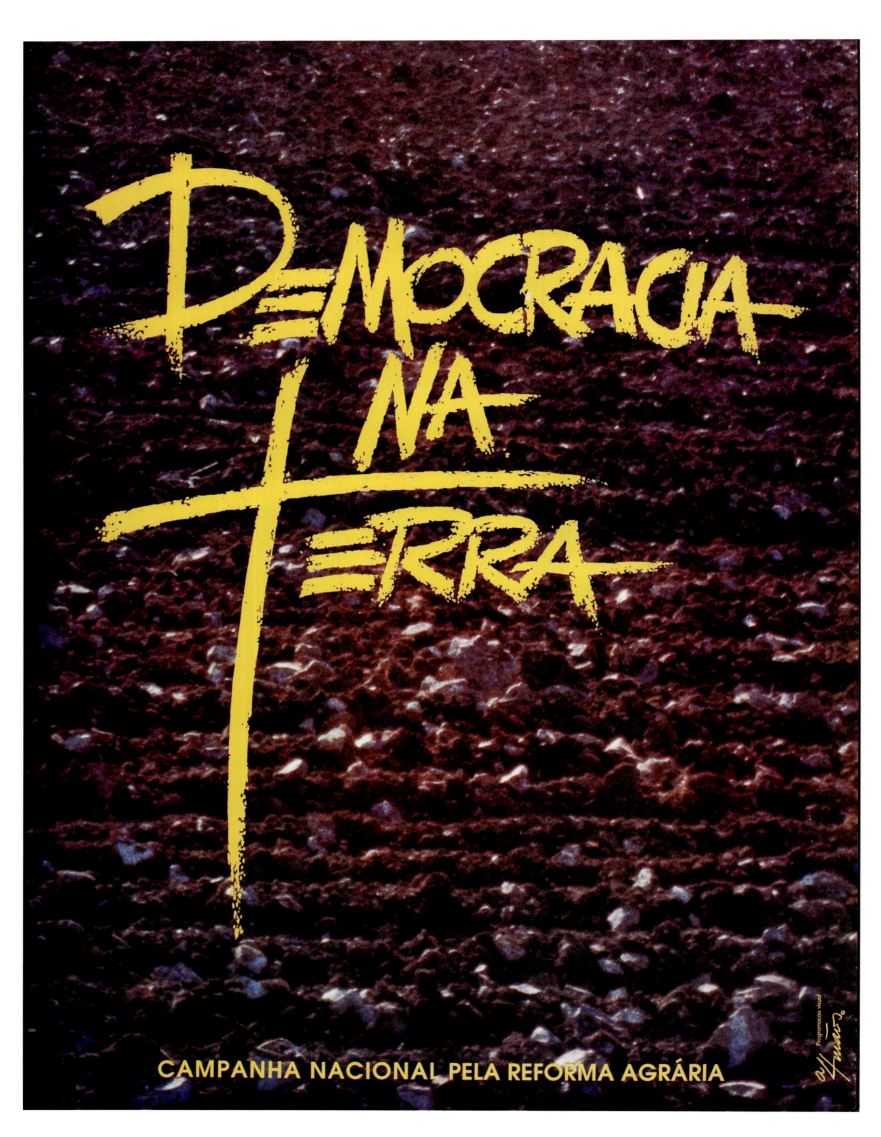

"A NOSSA RAIZ ESTÁ NA TERRA, A NOSSA FORÇA NA UNIÃO"
CAMPANHA NACIONAL PELA REFORMA AGRÁRIA
COMITÊ DE MINAS GERAIS

REFORMA AGRÁRIA

Por que?

- DOS 5,2 MILHÕES DE PROPRIETÁRIOS RURAIS, APENAS 540 MIL SÃO DONOS DA MAIOR PARTE DAS TERRAS NO BRASIL (80%).

- 42 MILHÕES DE HECTARES DE TERRAS APROVEITÁVEIS ESTÃO INEXPLORADAS E 240 MILHÕES, MAL UTILIZADAS.

- AS MULTINACIONAIS JÁ SE APROPRIARAM DE MAIS DE 35 MILHÕES DE HECTARES DE TERRA NO BRASIL.

- CRESCEU PARA 24 MILHÕES O NÚMERO DE PESSOAS QUE MIGRARAM PARA OUTROS ESTADOS ENTRE 1970 E 1980.

- EXISTEM CERCA DE 11 MILHÕES DE DESEMPREGADOS NAS CIDADES E 12 MILHÕES DE CAMPONESES SEM TERRA.

- 8,7 MILHÕES DE ASSALARIADOS RURAIS RECEBEM MENOS DE UM SALÁRIO – MÍNIMO.

- A PRODUÇÃO DE ALIMENTOS POR HABITANTE VEM CAINDO NOS ÚLTIMOS 20 ANOS, EM RAZÃO DO APOIO GOVERNAMENTAL À GRANDE PROPRIEDADE

- ENTRE 1979 E 1983, 269 MIL FAMÍLIAS DE PEQUENOS PRODUTORES ENFRENTARAM CONFLITOS PELA POSSE DA TERRA.

- ENTRE 1979 E 1983 FORAM ASSASSINADOS CAMPONESES, POSSEIROS, BÓIAS-FRIAS, GARIMPEIROS, DIRIGENTES SINDICAIS RURAIS E ADVOGADOS, NA LUTA PELA POSSE DA TERRA E NA DEFESA DOS DIREITOS DOS TRABALHADORES. SOMENTE NOS 3 PRIMEIROS MESES DE 1984 FORAM ASSASSINADAS 17 PESSOAS, NÚMERO SUPERIOR A TODO O ANO DE 1980, 1981 E 1982.

- EM 480 ANOS, OS INDÍGENAS FORAM REDUZIDOS DE 5 MILHÕES PARA 220 MIL PESSOAS E APENAS UM TERÇO DE SEUS TERRITÓRIOS ESTÁ OFICIALMENTE DEMARCADO.

CAMPANHA NACIONAL PELA REFORMA AGRÁRIA

CONTAG / CPT / CIMI / CNBB - LINHA 6 / ABRA / IBASE

REFORMA AGRÁRIA

Para que?

- DISTRIBUIR OS 280 MILHÕES DE HECTARES DE TERRA NÃO EXPLORADAS DOS LATIFÚNDIOS AOS 12 MILHÕES DE TRABALHADORES RURAIS SEM TERRA OU COM POUCA TERRA.

- MULTIPLICAR A ÁREA DAS LAVOURAS, AUMENTANDO A PRODUÇÃO DE ALIMENTOS.

- AMPLIAR O MERCADO INTERNO, ATRAVÉS DA REDISTRIBUIÇÃO DA PROPRIEDADE E DA RENDA AGRÁRIA.

- ELIMINAR A ESPECULAÇÃO, POSSIBILITANDO PREÇOS JUSTOS PARA PEQUENOS PRODUTORES E ALIMENTOS MAIS BARATOS PARA A POPULAÇÃO.

- CRIAR NOVAS OPORTUNIDADES DE VIDA E DE TRABALHO PARA OS DESEMPREGADOS E SUBEMPREGADOS NAS CIDADES.

- REESTIMULAR AS ATIVIDADES ECONÔMICAS QUE OFERECEM MAIS EMPREGO E VOLTADAS AO BEM ESTAR DA POPULAÇÃO.

- QUEBRAR O MONOPÓLIO DAS MULTINACIONAIS NA PRODUÇÃO AGRO-INDUSTRIAL E RECUPERAR AS TERRAS QUE ESTÃO EM SUAS MÃOS.

- ACABAR COM A ESPECULAÇÃO DE TERRAS

- ELIMINAR AS CAUSAS DA VIOLÊNCIA CONTRA OS TRABALHADORES RURAIS E OS POVOS INDÍGENAS.

- CONTRIBUIR PARA A IMPLANTAÇÃO DA DEMOCRACIA NO PAÍS, DEMOCRATIZANDO O ACESSO À PROPRIEDADE DA TERRA.

CAMPANHA NACIONAL PELA REFORMA AGRÁRIA

CONTAG / CPT / CIMI / CNBB – LINHA 6 / ABRA / IBASE

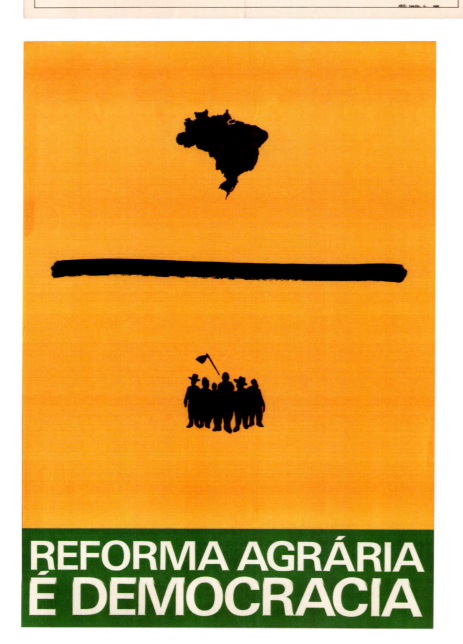

REFORMA AGRÁRIA É DEMOCRACIA

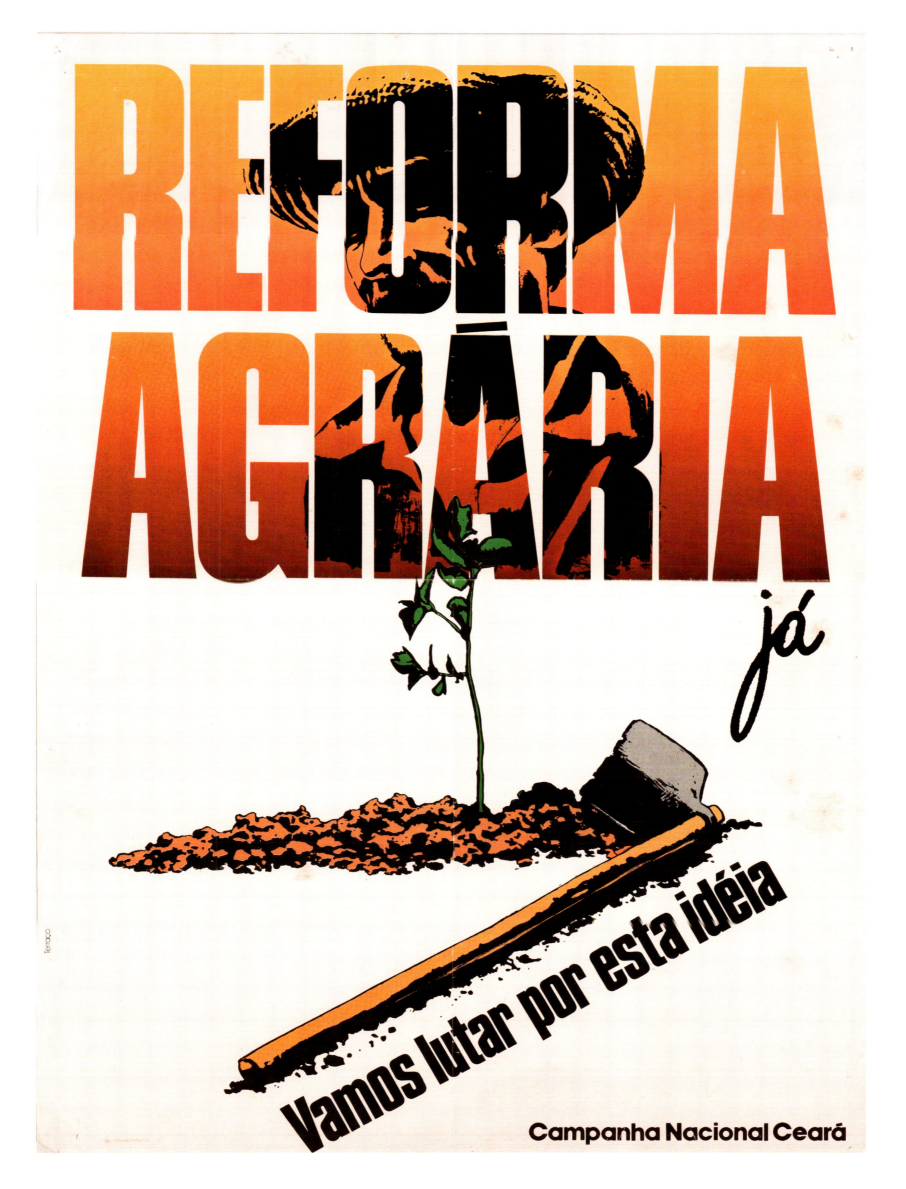

CONTAG/CPT/CIMI/CNBB-LINHA 6/ABRA/IBASE

TERRA PARA QUEM TRABALHA A TERRA

CAMPANHA NACIONAL PELA REFORMA AGRÁRIA

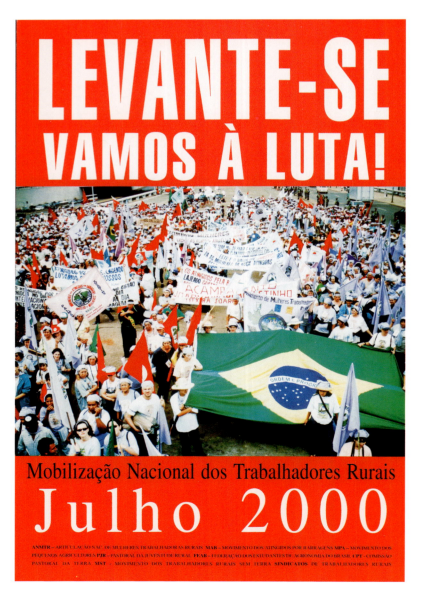

 **TERRA DE DEUS TERRA PARA TODOS**

1982 — Salmo 24,1

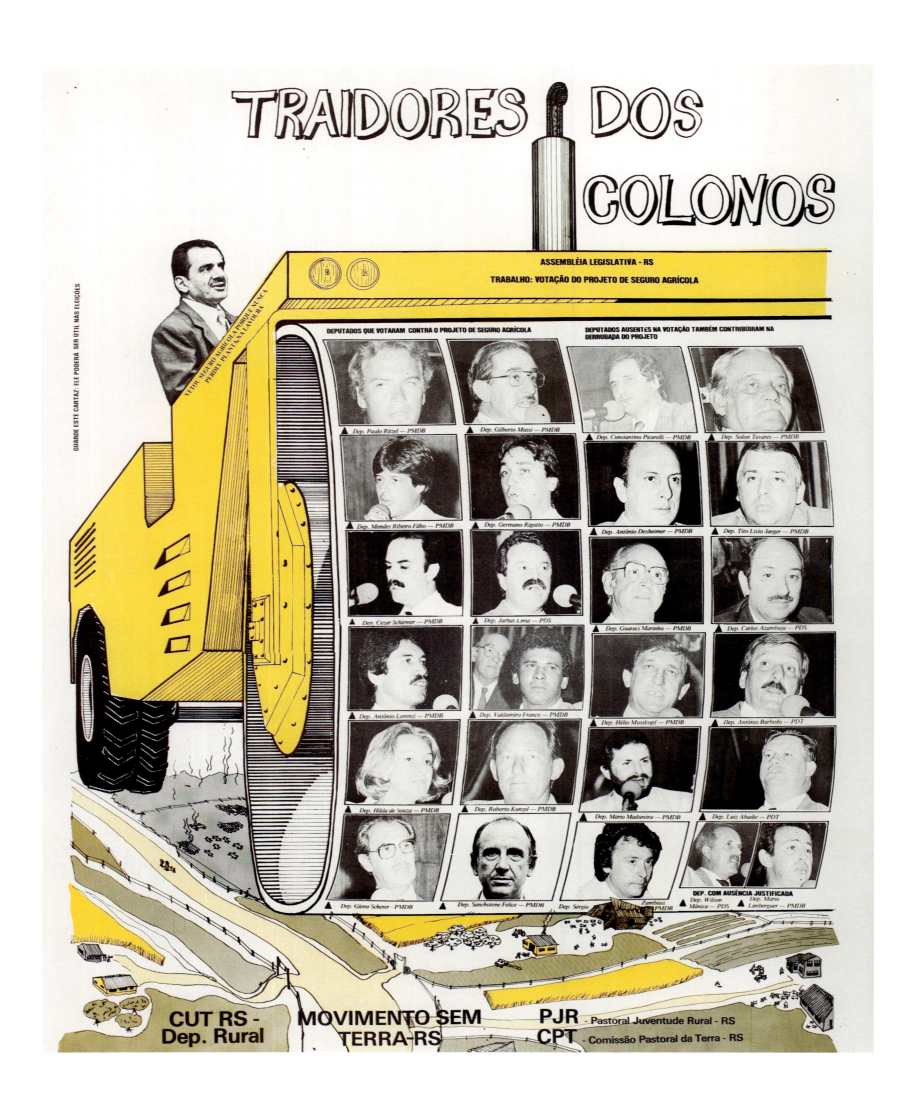

PROCURA-SE

Fernando Henrique Cardoso

Pedro Malan

Nicolau dos Santos Neto

Raul Jungmann

Venderam o País, tiraram os direitos sociais dos trabalhadores, foram coniventes com o assassinato de camponeses, favoreceram banqueiros, sucatearam os serviços públicos e são responsáveis pela corrupção que indigna os brasileiros.

TRAIDORES DO POVO

TERRA
para os que nela trabalham

CAMPANHA DE SOLIDARIEDADE AOS AGRICULTORES SEM TERRA

PROMOÇÃO:

Federação dos Trabalhadores na Agricultura (FETAG)
Sindicato dos Trabalhadores Rurais de Bento Gonçalves
Sindicatos de Trabalhadores Rurais da Regional de Tenente Portela
Movimento dos Agricultores Sem Terra de Arroio do Tigre
Frente Agrária Gaúcha (FAG)
Comissão Pastoral da Terra — RS
Associação Brasileira de Reforma Agrária (ABRA)
Movimento de Justiça e Direitos Humanos
Comissão de Justiça e Paz da Arquidiocese de Porto Alegre
Pastoral Universitária

COLABORAÇÃO:

Teologia Luterana
Intersindical
Oposição Sindical Metalúrgicos de São Leopoldo
Centro Brasileiro de Estudos e Saúde (CEBES)
Associação Gaúcha dos Médicos Residentes
Associação do Centro Operário de Gravataí
Federação Riograndense de Associações Comunitárias e Amigos de Bairros (FRACAB)
Movimento Pelo Transporte de Gravataí
União de Vilas de Viamão
Diretório Central dos Estudantes (DCE/UFRGS)
Centro Acadêmico Santo Tomás de Aquino (CASTA/PUC)
Diretório Acadêmico do Instituto de Teologia (DAIT/PUC)

Comissão Permanente de Direitos Humanos, Segurança Social e
Defesa do Consumidor da Assembléia Legislativa do Rio Grande do Sul

Este cartaz é de autoria de Elifas Andreato

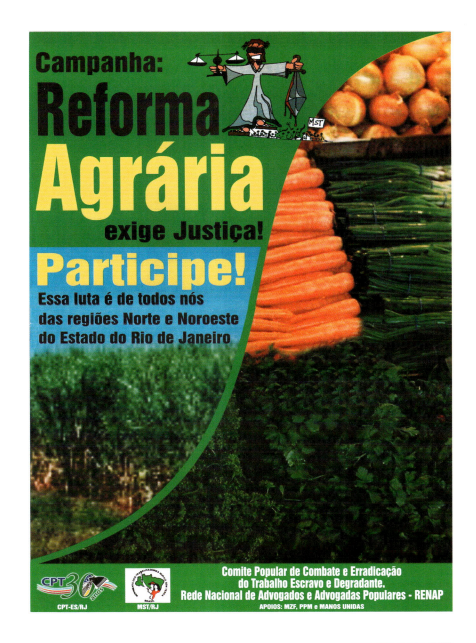
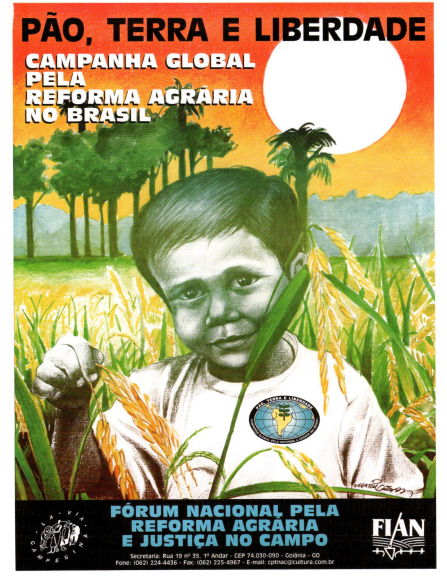

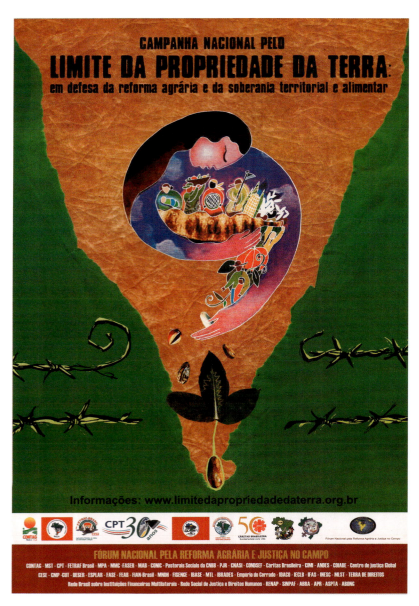

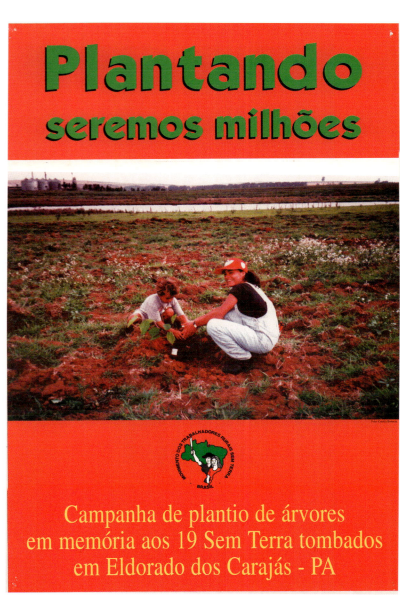

DENÚNCIA

OS DONOS DA TERRA:

Relação dos 18 maiores proprietários de terra, extensão em hectares e região, conforme documento entregue pelo MIRAD na Assembléia Nacional Constituinte.

Manasa - 4.111.538 ha Amazonas
Cia. Monte Dourado 1.682.227 ha Amapá e Pará
João Francisco Martins Barata 1.000.000 ha Amapá
Pedro Aparecido Dotto 671.480 ha Acre
Albert Nicola Vitali 792.574 ha Bahia
Mário Jorge M. de Moraes 587.883 ha Amazonas
Cia. de Colonização do Nordeste 418.000 ha Amazonas
Companhia de Des. do Piauí 498.727 ha Piauí
Jussara Marques Paz 432.119 ha Amazonas
Aplub 2.188.460 ha Amazonas
Cotriguaçu S.A. 1.589.997 ha Mato Grosso
Manoel Meireles de Queiroz 975.000 ha Acre
Malih Hassan Elmaoula 661.173 ha Amazonas
Agro Industrial do Amapá 540.613 ha Amapá
Moraes Madeireiras Ltda. 577.336 ha Amazonas
União de Construtoras S.A. 405.000 ha Bahia
Silvio Modesto Toledo 392.000 ha Pará
Adão Medeiros Paz 432.119 ha Amazonas

Não há Democracia sem Reforma Agrária

CONTAG - CUT - ABRA - AJUP - IBASE - INESC - CPT - FASE - MST

CULTURA

A dureza da luta é cantada e enfrentada com poesia, cantos, comida, festa. Somos um povo produtor de cultura, uma cultura de luta, de resistência, uma cultura que organiza e nos dá identidade camponesa, sem terra, classe trabalhadora, povo. Um cultura que denuncia, mas celebra com toda a beleza.

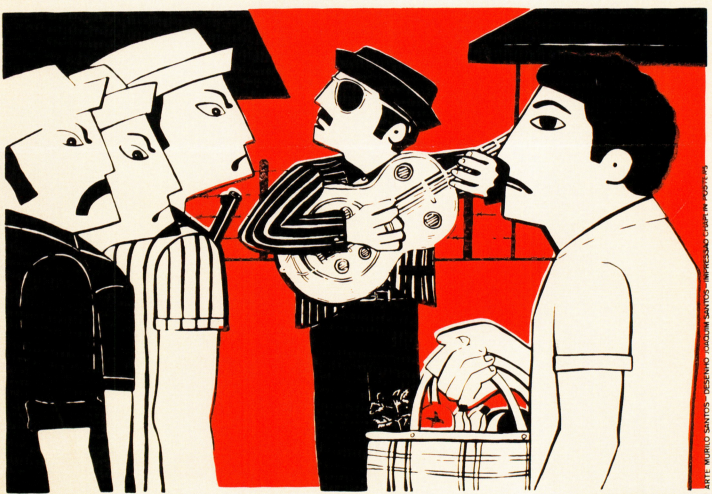

BÓIAS-FRIAS / VISTA PARCIAL

As mãos, enxadas e foices que tocam ainda hoje a agricultura no Paraná.

Documentário Fotográfico de João Urban

Promoção: Federação dos Trabalhadores na Agricultura do Paraná.

Grupo de Trabalho em Doc. Agrícola

Local:

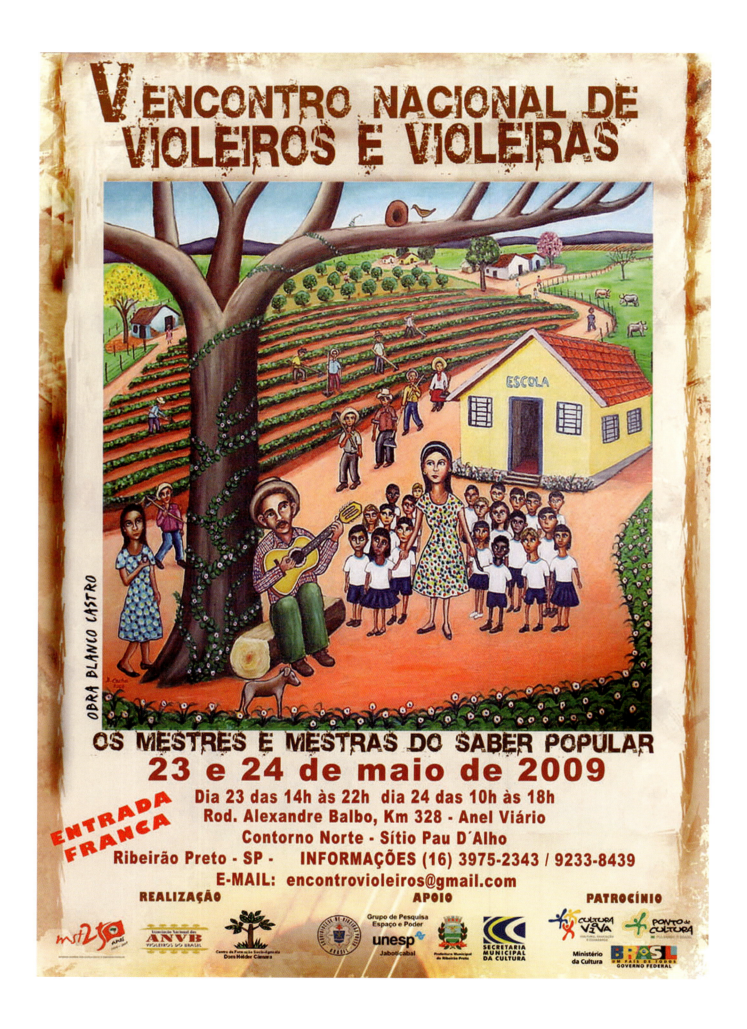

Este cartaz é de autoria de João Oliveira

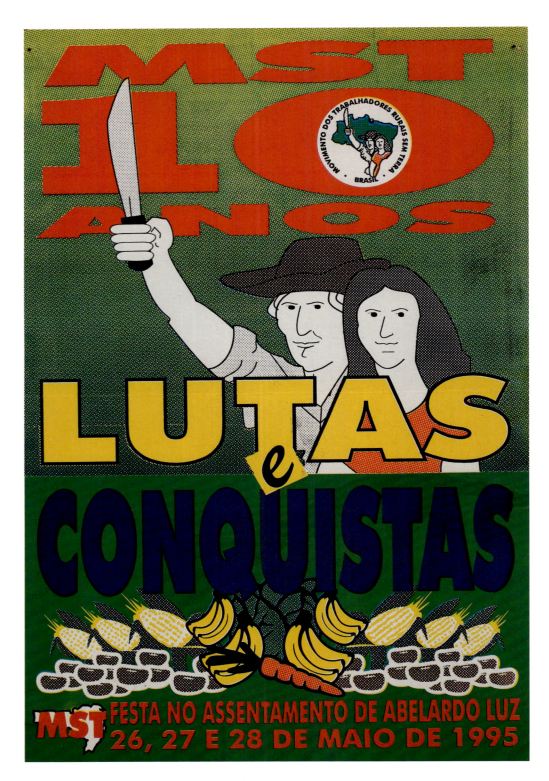

TODA CONQUISTA SÓ VALE SE SOUBERMOS DEFENDÊ-LA

Movimento dos Trabalhadores Rurais sem Terra no Ceará

Foto: Edmundo Souza/O Povo

COMEMORE CONOSCO

DATA: 26 de maio de 1990
LOCAL: Assentamento 25 de maio (antiga fazenda São Joaquim)
INICIO: às 9 horas
PROMOÇÃO: Movimento dos Trabalhadores Rurais sem terra
APOIO: CDDH-Senador Pompeu, Sind. Bancários

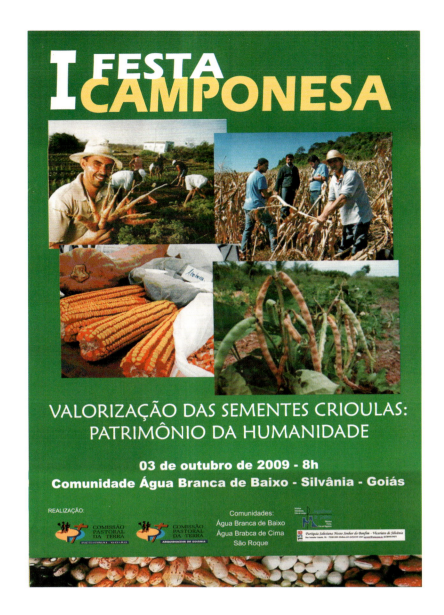

"O mundo é uma invenção humana.
Uma intensa busca pelo desconhecido,
Uma vontade de desvelar!
Cabe a quem decifrar os enigmas que lhe compõem?
Quem cria o cenário para suas diversas representações?
Quem monta o roteiro e comanda espetáculos?
Quem produz a história?
Quem concentra o acervo?"

Diva Lopes

congressos, encontros e debates

CONGRESSOS, ENCONTROS E DEBATES

O estudo é um dos princípios do MST e de boa parte dos movimentos populares. Ele nos dá elementos para analisarmos a realidade, planejarmos e reafirmamos a luta, as lutas e o projeto de vida. Os encontros e os processos formativos coletivos são fundamentais para a construção da participação de todas e todos.

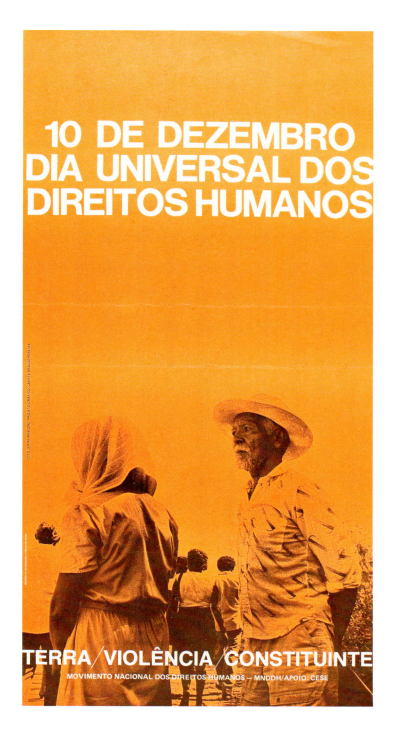

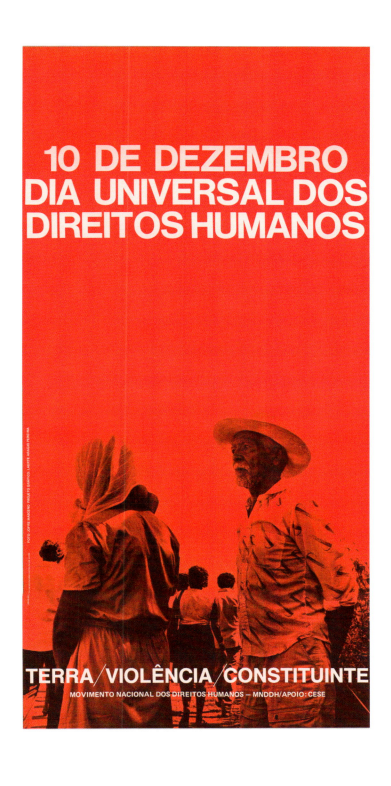

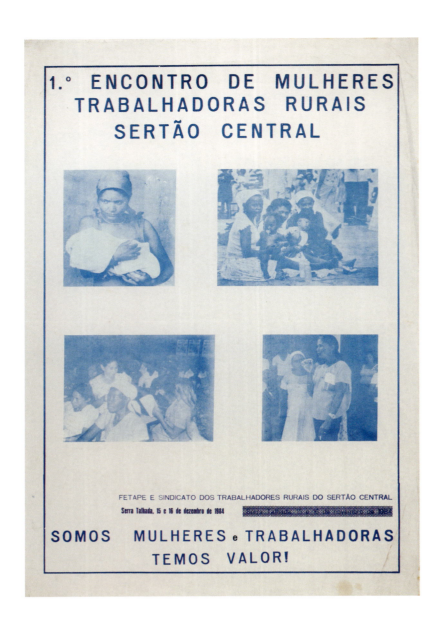

I ENCONTRO INTERESTADUAL DE QUEBRADEIRAS DE COCO BABAÇU (MA, TO, PI, PA)

De 24 a 26 de Setembro de 91 / São Luís - Maranhão

PROMOÇÃO:
Sociedade Maranhense de Defesa dos Direitos Humanos (SMDDH) / Projeto Babaçu
Associação em Áreas de Assentamento no Estado do Maranhão - ASSEMA
CPT - Araguaia/Tocantins (TO)
Centro de Educação Popular Esperantinense (PI)
Centro de Educação e Cultura do Trabalhador Rural - Centru (MA)
Federação dos Trabalhadores na Agricultura do Estado do Tocantins-Fetaet

APOIO: CESE, Fundação Interamericana e Oxfam

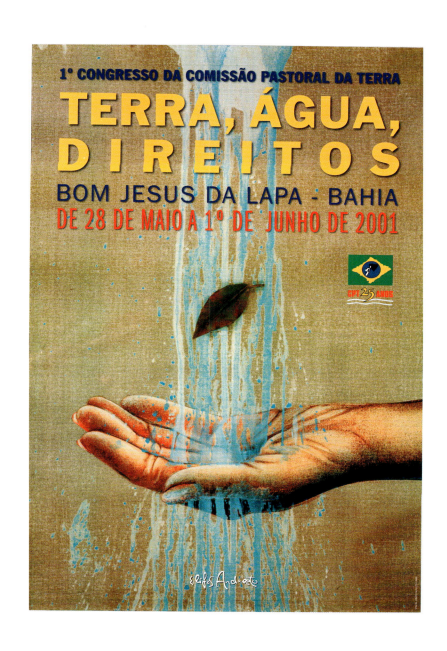

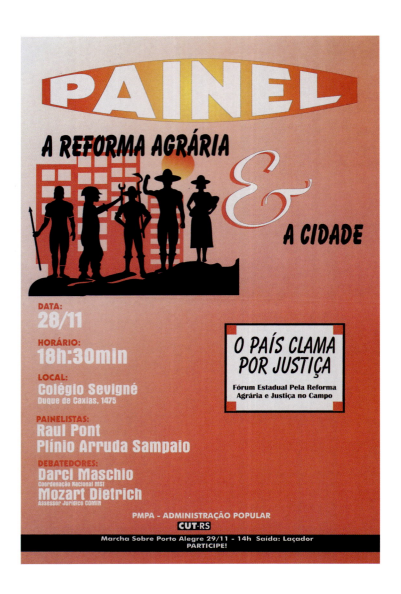
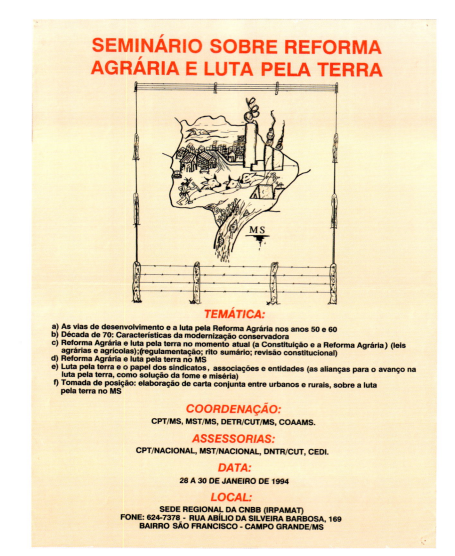

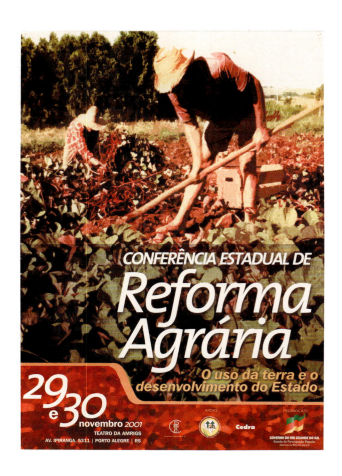

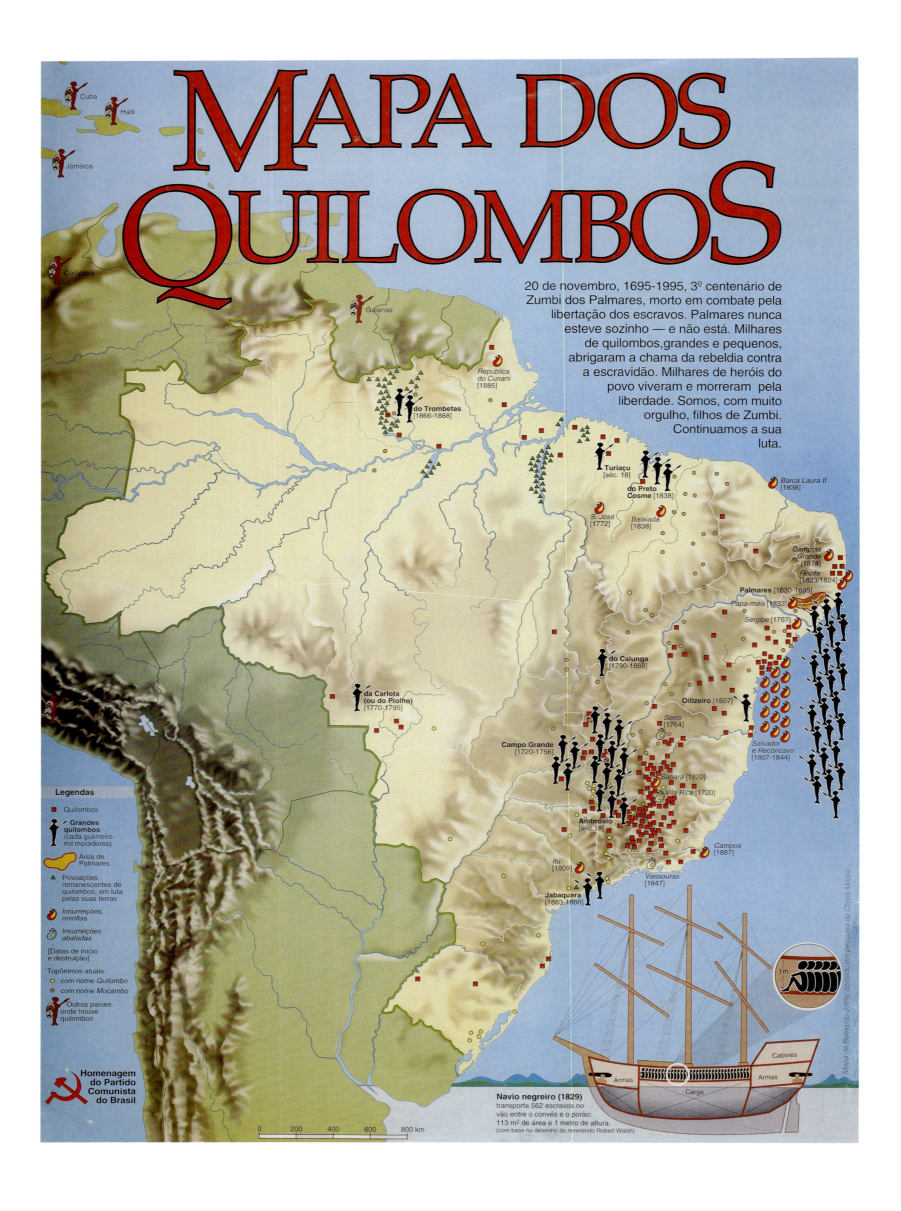

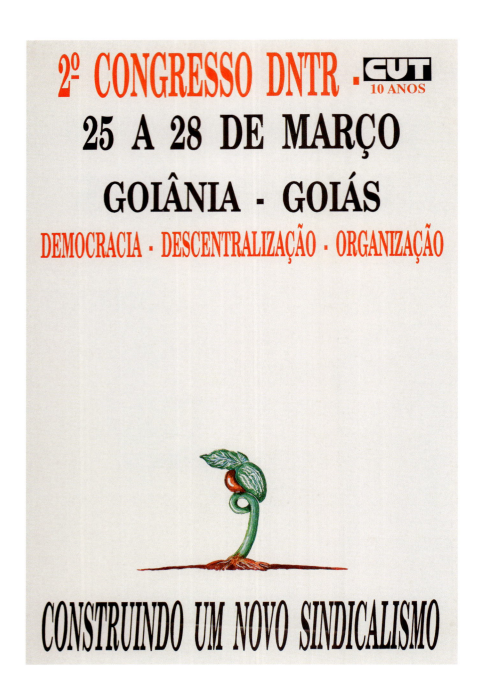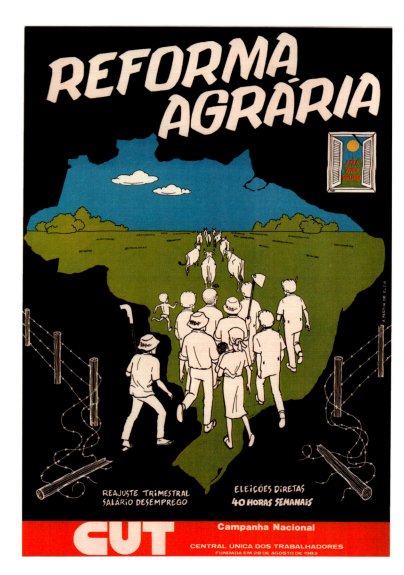

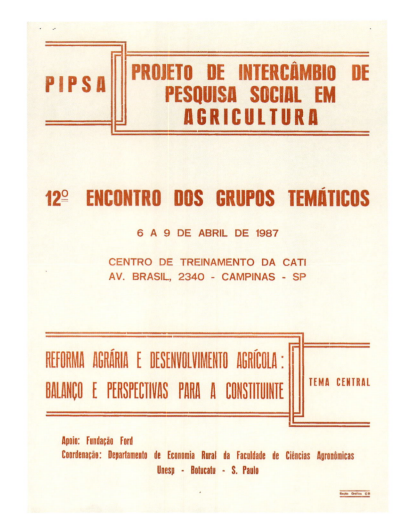
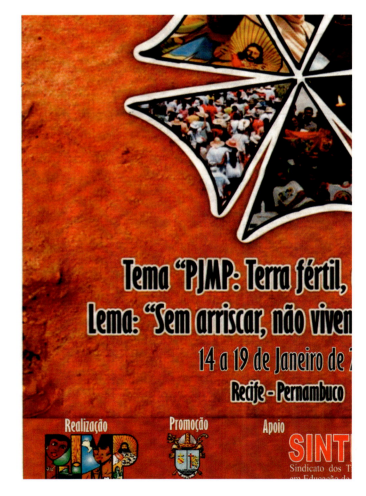

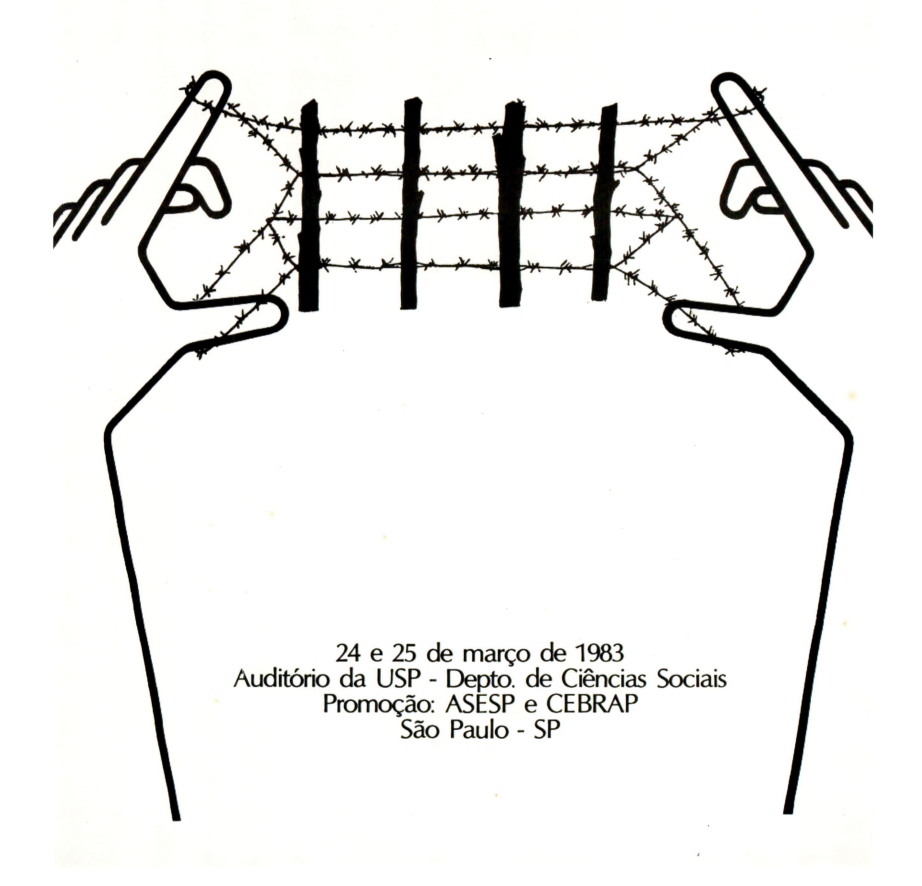

Revisão crítica da produção sociológica voltada para a agricultura.

24 e 25 de março de 1983
Auditório da USP - Depto. de Ciências Sociais
Promoção: ASESP e CEBRAP
São Paulo - SP

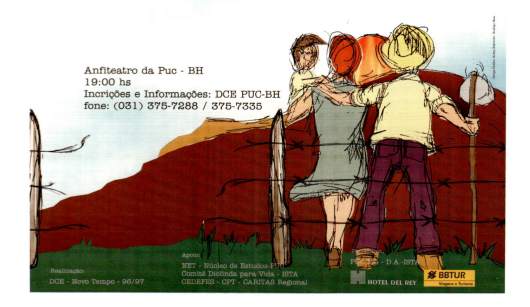

PIPSA
Projeto de Intercâmbio de Pesquisa Social em Agricultura

PROMOVE

Encontro Regional Leste
(São Paulo, Rio de Janeiro, Minas Gerais e Espírito Santo)

TEMA

Aspectos da Questão Agrária Regional
- Ação do Estado
- Estrutura Agrária
- Movimentos Sociais
- Produção e Reprodução da Força de Trabalho

PÚBLICO

Aberto à participação de professores e alunos envolvidos em pesquisas relativas ao tema.

PRAZO PARA ENVIO DE TRABALHOS

Até dia 25 de abril

DATA E LOCAL

Dias 11, 12 e 13 de maio, no Instituto de Letras, Ciências Sociais e Educação (ILCSE) - UNESP - campus de Araraquara.
(Rodovia Araraquara - Jaú, Km 1)

INFORMAÇÕES E INSCRIÇÕES
- Coordenação Regional: Al. das Amendoeiras, 490 - Nova Lima (MG)
  Fone: (031) 541.2163
- Coordenação Local: Departamento de Sociologia do ILCSE/UNESP - campus de Araraquara
  Fones: (0162) 32.0444 r. 119 e (0162) 36.6493

COORDENAÇÃO NACIONAL: Departamento de Economia e Sociologia Rural – UNESP – Campus de Botucatu
APOIO: FUNDAÇÃO FORD

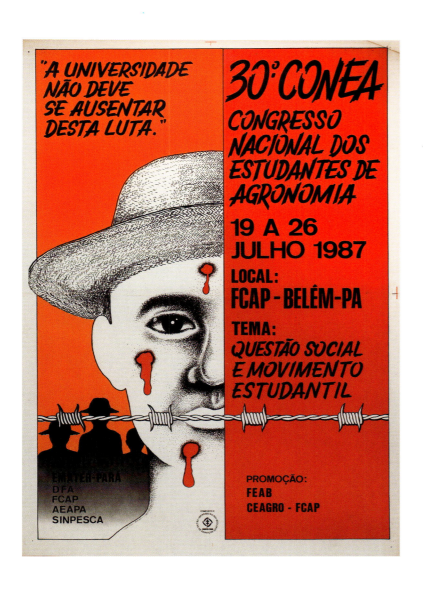

II Encontro Nacional dos Seringueiros
I Encontro dos Povos da Floresta
de 25 a 31 de março de 1989
Rio Branco - Acre - Brasil

CNS - Conselho Nacional dos Seringueiros

UNI - União das Nações Indígenas

Entidades de apoio:

- STR de Xapuri · AC
- STR de Brasiléia · AC
- STR de Plácido de Castro · AC
- STR de Cruzeiro do Sul · AC
- STR de Novo Aripuanã · AM
- STR de Humaitá · AM
- STR de Apuí · AM
- STR de Carauari · AM
- STR de Macapá · AP
- CUT · Central Única dos Trabalhadores
- CTA · Centro de Trabalhadores da Amazônia
- IEA · Instituto de Estudos Amazônicos
- CPT · Comissão Pastoral da Terra
- CIMI · Conselho Indigenista Missionário
- CPI · Comissão Pró-Índio
- CDDH · Centro de Defesa dos Direitos Humanos
- FCM · Fundação Chico Mendes
- FDRHCD · Fundação Cultural do Estado do Acre
- UFAC · Universidade Federal do Acre
- Comitê de Apoio aos Povos da Floresta · RJ
- APEA · Associação Profissional dos Economistas do Acre

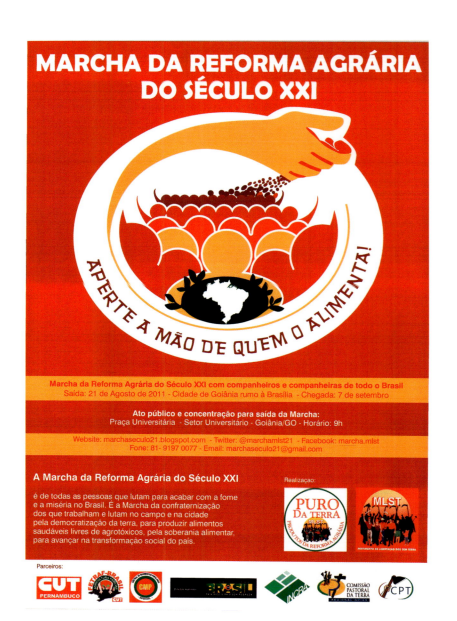

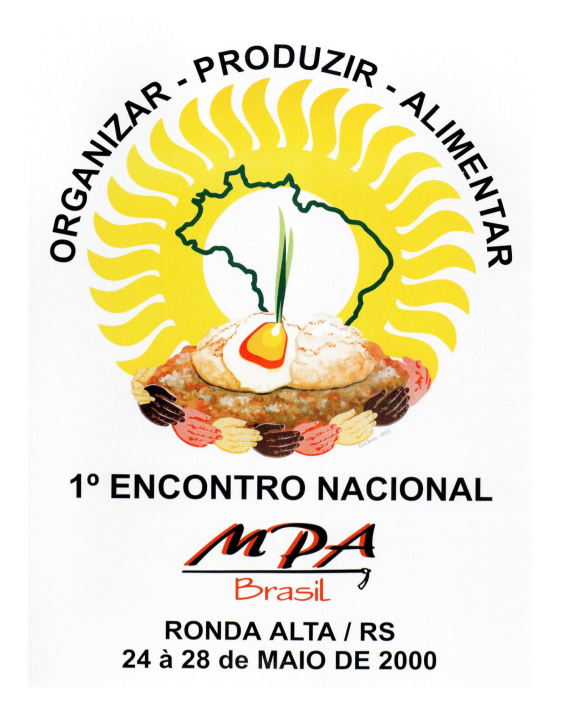
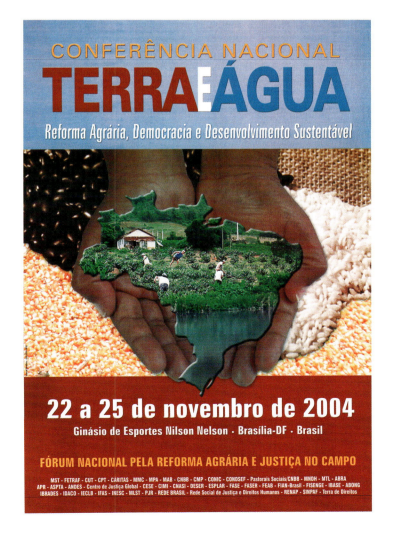
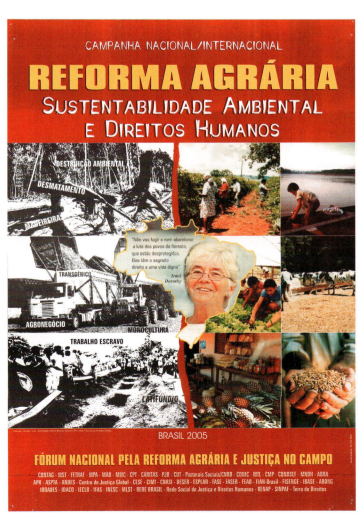

Da esquerda para a direita: Ivo Poleto, da CPT nacional, ativista desconhecido, Dom Pedro Casaldáliga e Clovis Moura, jornalista.

"Não me chames estrangeiro, só porque nasci muito longe
ou porque tem outro nome essa terra donde venho.
Não me chames estrangeiro porque foi diferente o seio
ou porque ouvi na infância outros contos noutras línguas.
Não me chames estrangeiro se no amor de uma mãe
tivemos a mesma luz nesse canto e nesse beijo
com que nos sonham iguais nossas mães contra o seu peito.
Não me chames estrangeiro, nem perguntes donde venho;
é melhor saber onde vamos e onde nos leva o tempo.
Não me chames estrangeiro, porque o teu pão e o teu fogo
me acalmam a fome e o frio e me convidam o teu teto.
Não me chames estrangeiro; teu trigo é como o meu trigo,
tua mão é como a minha, o teu fogo como o meu fogo,
e a fome nunca avisa: vive a mudar de dono."

Rafael Amor

SOLIDARIEDADE INTERNACIONAL

Cuba nos ensinou que ser solidário é dar o que temos de melhor. A solidariedade internacional é um dos grandes valores dos povos revolucionários, e uma prática muito concreta. Contra todas as opressões, pela soberania dos povos, é um "ato de amor entre povos".

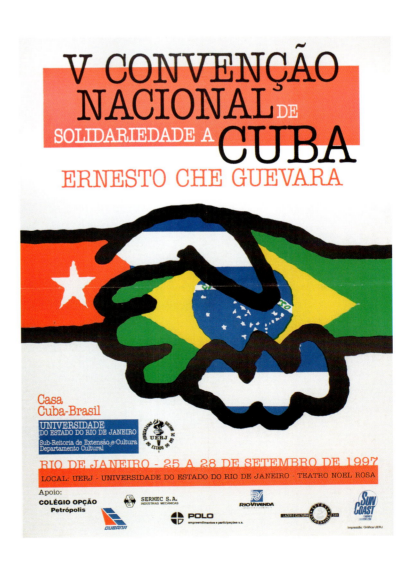

LUTA PELO FIM DO BLOQUEIO A CUBA

SOLIDARIEDADE LATINO AMERICANA AO POVO CUBANO

PELA EXTINÇÃO DA LEI HELMS-BURTON
AUTO-DETERMINAÇÃO E SOBERANIA DOS POVOS

ENTIDADES BRASILEIRAS DE SOLIDARIEDADE A CUBA

Criado pela Casa Cuba-Brasil RJ · Projeto Gráfico: Jonga Olivieri · Impressão: Gráfica UERJ

SOLIDARIEDADE INTERNACIONAL

AS GARRAS DA ÁGUIA SOBRE A NICARÁGUA

1. UMA ÁGUIA AVENTUREIRA
   DE OLHOS AZUIS
   E CORAÇÃO DE RAIO-LASER
   ENSOMBRA OS CÉUS DA AMÉRICA CENTRAL
   COM SUA GULA DE SANGUE.

2. FALO DE UMA ÁGUIA
   MAS É UM LOBO
   QUE VAI DA CALIFÓRNIA A PORTO RICO
   DE WASHINGTON A TEGUCIGALPA
   PROCURANDO UM CORDEIRO PARA O JANTAR.

3. FALO DE UM LOBO
   MAS É UM DRÁCULA
   COM DENTES DE MÍSSEIS
   SOBRE A NICARÁGUA.

4. OS MENINOS E OS PÁSSAROS
   AS ALDEIAS E OS ANCIÕES
   JÁ CONHECEM O RONCO
   DOS SEUS AVIÕES DE FOGO
   SOBRE AS CIDADES E AS PLANTAÇÕES
   INQUIETANDO AS MATAS E AS ÁGUAS
   DO PACÍFICO OCEANO DO AMOR.

5. NO LUGAR AONDE PLANTA
   AS SUAS GARRAS DE CHUMBO
   A GANÂNCIA É A RELIGIÃO
   IRMÃOS VÃO SE MATANDO
   POR UM PEDAÇO DE PÃO.

6. AVES DE RAPINA
   LOBOS E VAMPIROS
   SÃO SÓ TRADUÇÕES
   DE UMA ARMA CHAMADA PENTÁGONO.

7. SERÁ QUE QUEM MATA ASSIM
   COM TANTA CONVICÇÃO
   POSSUI INDÚSTRIAS DE VIDAS
   PRA TANTA RESSURREIÇÃO?

8. MANA MANA MANANÁGUA
   ÁGUA ÁGUA MANANICA
   NICARÁGUA.

9. DIANTE DO PERIGO
   TAMBÉM O CORDEIRO
   SE PREPARA PARA SER LOBO.

10. O FOGO É VIOLENTO
    MAS SE A ÁGUA FOR BASTANTE
    O FOGO AFOGA-SE.

SALGADO MARANHÃO

APOIO: LIGA BRASILEIRA DE DEFESA DOS DIREITOS HUMANOS

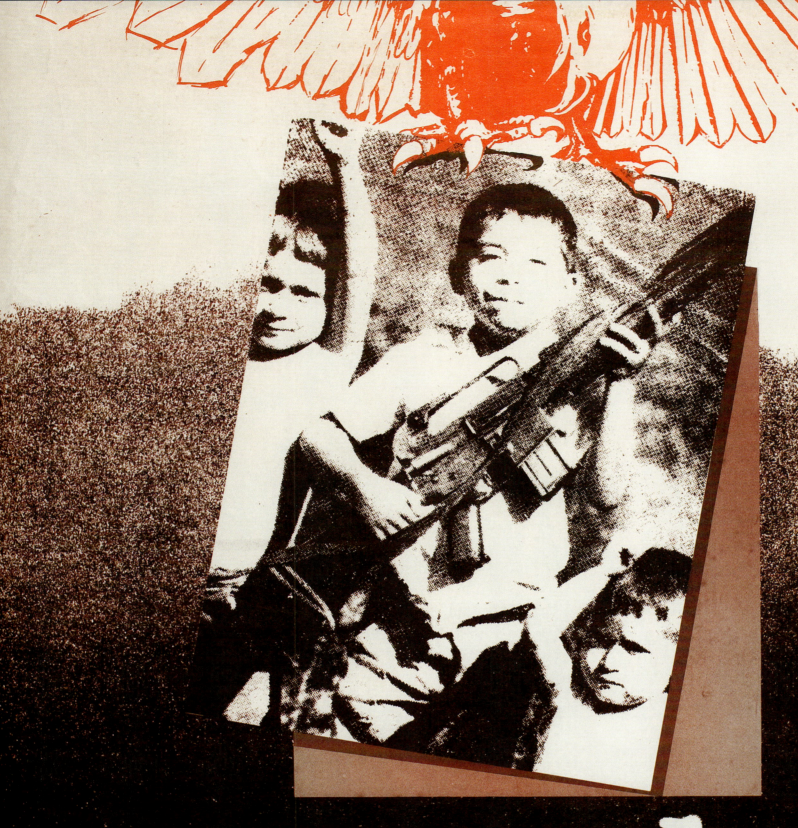

TIREM AS MÃOS DA NICARÁGUA

2º ENCONTRO NACIONAL DE COMITÊS DE SOLIDARIEDADE AOS POVOS DE NICARAGUA E EL SALVADOR

28 e 29 · ABRIL · ASSEMBLÉIA LEGISLATIVA MG

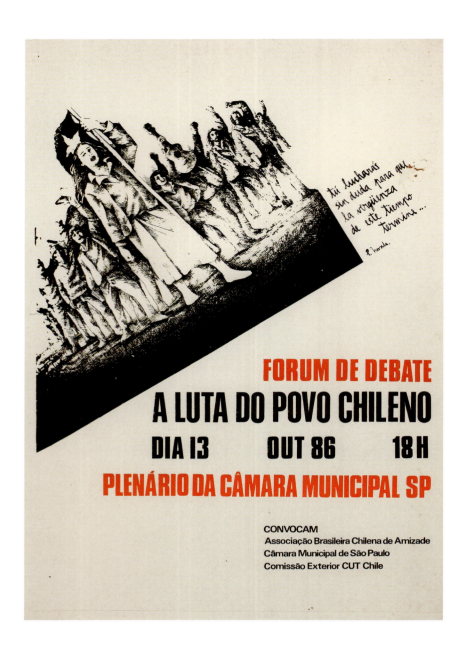

TIMOR PRECISA DE SUA VOZ

Timor Leste é uma nação de língua portuguesa entre a Indonésia e a Austrália. Há 22 anos, no dia 7 de dezembro de 1975, Timor Leste foi invadido pela Indonésia. Desde então milhares de timorenses têm sido torturados, estuprados, submetidos a trabalhos forçados e barbaramente assassinados pelas tropas invasoras. Infelizmente, a maior parte das nações se cala diante dessas terríveis violações aos direitos humanos. A maioria do povo brasileiro ainda desconhece o sofrimento por que passam os timorenses. Por isso está na hora de saber mais e, mais importante, colaborar mais. Você pode ajudar escrevendo para o Comitê Brasiliense de Solidariedade ao Timor Leste, uma entidade suprapartidária, e dar seu apoio ao Movimento de Libertação do Timor: Câmara dos Deputados, Anexo III, Gabinete 275 CEP 70160-900 - Brasília - DF - Fax: (061) 318-2275. Se você puder colaborar, deposite qualquer quantia na conta poupança Timor Leste nº 26233-8/500, agência 0454, Banco Itaú. Para qualquer informação entre em contato com a Organização Clamor por Timor: R. Atibaia, 420 Perdizes - CEP 01235-010 São Paulo - SP - Tel.: (011) 802-8164 Fax: (011) 853-6830 e-mail: timor@caferomano.org

CLAMOR POR TIMOR

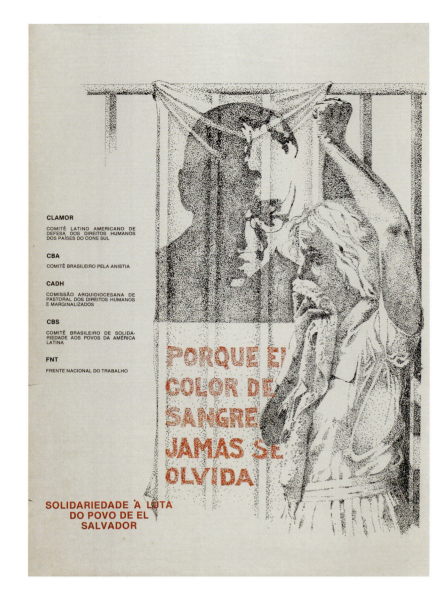
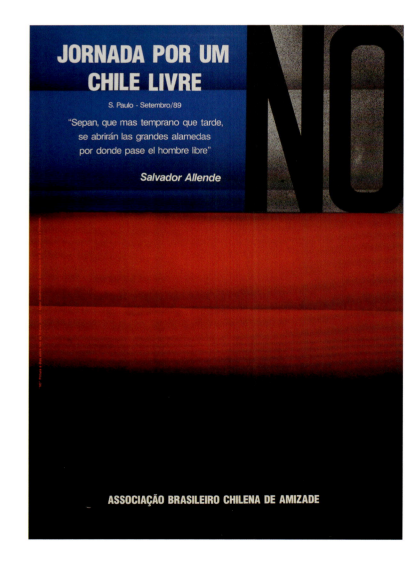

(...)
Portanto, lutadoras e lutadores, se hoje estamos preocupados em defender valores podem crer que não é por nada. É apenas a reprodução, das impressões digitais de quem conosco passou duras jornadas. Mantenhamos sem medo as diretrizes, pois com certeza, uma árvore que tem estas raízes, jamais pode pensar que será arrancada.

Ademar Bogo
trecho da Carta de Amor a Dom José Gomes

HOMENAGENS

"(...) Há os que lutam toda uma vida, esses são os imprescindíveis" como dizia Brecht. Esses e essas nos inspiram, nos servem de exemplo e seu legado continua presente nas nossas leituras da realidade, nas nossas ações, no nosso projeto.

SOMOS TODOS MST

Felicitações de Fidel Castro Ruiz, em 16 de Fevereiro de 2014, desde Havana/Cuba, pelos 30 anos de lutas do Movimento dos Trabalhadores Rurais Sem Terra (MST).

"Há homens que lutam um dia e são bons
Há outros que lutam um ano e são melhores
Há os que lutam muitos anos e são muito bons
Mas há os que lutam toda a vida
Estes são imprescindíveis"
Bertolt Brecht

Havana/Cuba , 20 de Setembro de 2015

Vida e Revida

Um adeus a nosso mestre e pastor Dom Tomás Balduino

Ademar Bogo

Como a flor cheirosa, do campo se despede;
Dobra-se ao ciclo da eterna evolução
Fica a semente que a mão do vento expede
Com seu murmúrio em forma de canção.

Canção de vida que na morte é revida...
Revida, renascendo em testemunho dado!
Revida, em luta do índio revoltado!
Revida, em marcha do camponês magoado!
Revida, mulher pobre, branca, negra e homem favelado...

Por um instante, desçam do alto dos mastros as bandeiras;
Cale-se a terra concentrada, lamentando a perda...
Juntem-se os pés nas bases das fileiras...
Caia sincera a lágrima da pálpebra esquerda...

Juntem-se as mãos deixando os gestos vãos...
Baixe o olhar em sinal de respeito
Ergam-se os braços em forma de oração
Dobre-se o corpo, inclinando o peito.

Não é por dor, tampouco por tristeza!
Mas pelo brilho da obra e sua grandeza
Que fez a vida profetizadora...
Se a natureza a põe interrompida...
Não haverá nenhuma despedida
Se cada mão for sua continuadora.

Fica o exemplo firme e militante...
A crítica e o desprezo aos governantes
Que não ouviram as suas sugestões.
Fica um bendito a quem com luta espera...
A maldição aos que tomam a terra
E a esvaziam de suas populações.

Fica o chamado para o seguimento...
Para os valores e o bom comportamento
Na formação da consciência humanista.
Vigiai por nós enquanto caminhamos;
Que aqui ficamos e de ti lembramos
De punho erguido e frontes otimistas...
Assim sentimos leve o nosso coração
Pois com certeza irás ao panteão
Onde estão os grandes socialistas.

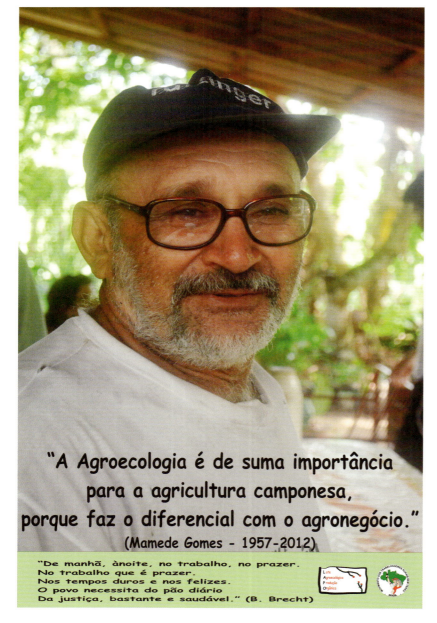

"A Agroecologia é de suma importância para a agricultura camponesa, porque faz o diferencial com o agronegócio."
(Mamede Gomes - 1957-2012)

"De manhã, ànoite, no trabalho, no prazer.
No trabalho que é prazer.
Nos tempos duros e nos felizes.
O povo necessita do pão diário
Da justiça, bastante e saudável." (B. Brecht)

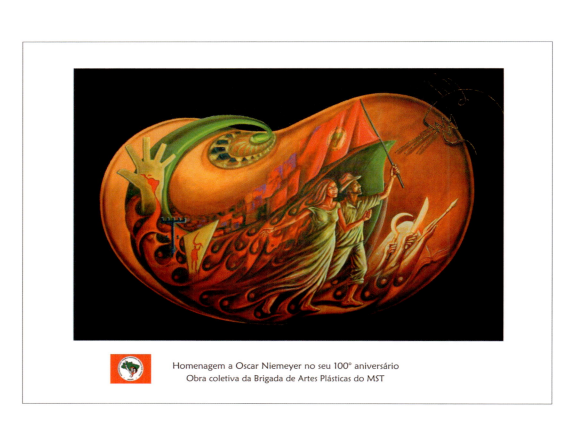

Homenagem a Oscar Niemeyer no seu 100° aniversário
Obra coletiva da Brigada de Artes Plásticas do MST

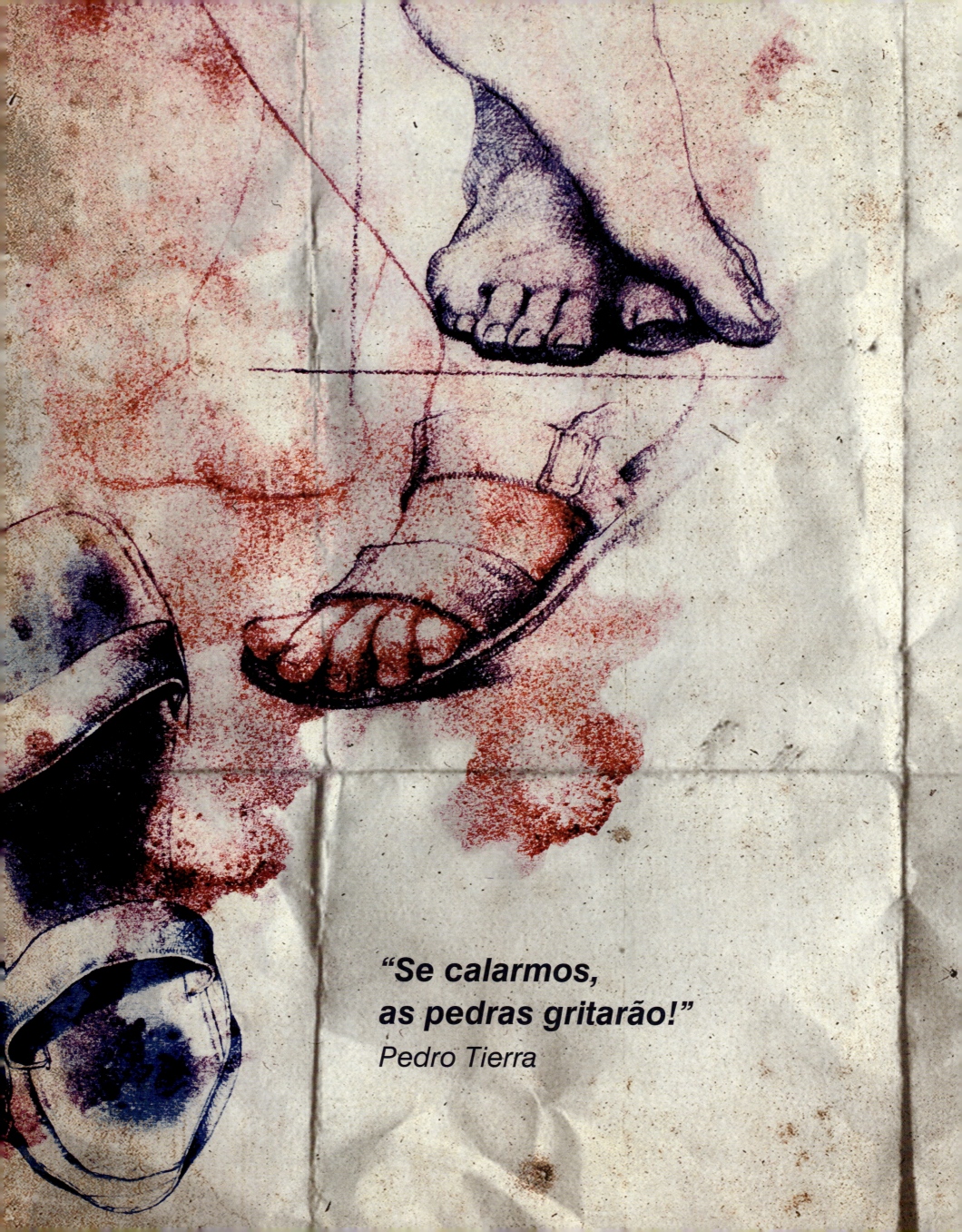

MST

Em 2019 o MST completa 35 anos de muita luta, de resistência, e de muitas conquistas também.
A luta pela terra, pela reforma agrária, pela transformação social, deu voz e organizou milhares de sujeitos, camponeses, camponesas, jovens, crianças, negros, LGBTs. A reforma agrária popular é um grande projeto de uma sociedade mais justa e fraterna, com mesa farta.

Primeiro cartaz do Movimento dos Trabalhadores Rurais Sem Terra

1º CONGRESSO NACIONAL DOS TRABALHADORES RURAIS SEM TERRA

terra para quem nela trabalha

curitiba • paraná • brasil
29 a 31 de janeiro de 1985

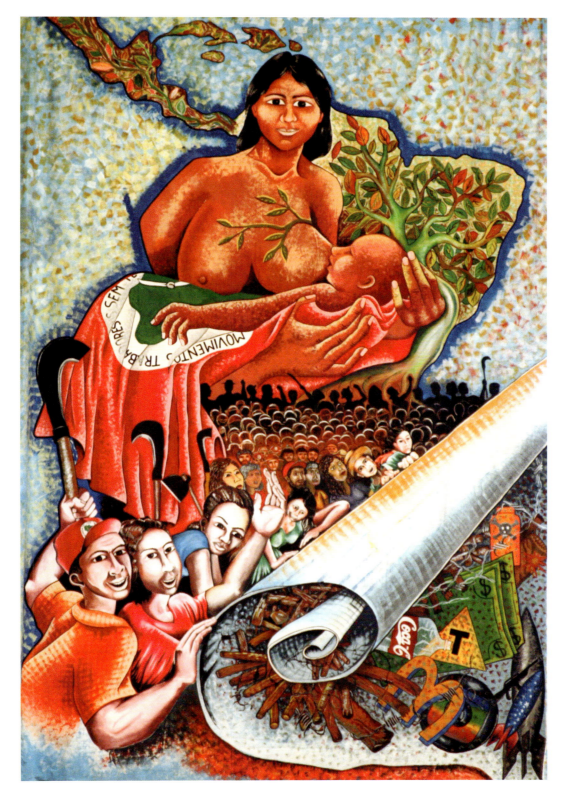

Painel para o V Congresso do MST

MOVIMENTO DOS SEM TERRA

NOSSOS OBJETIVOS GERAIS

1- Que a terra só esteja nas mãos de quem nela trabalha;

2- Lutar por uma sociedade sem exploradores e explorados;

3- Ser um movimento de massa autônomo dentro do movimento sindical para conquistar a reforma agrária;

4- Organizar os trabalhadores rurais na base;

5- Estimular a participação dos trabalhadores rurais no sindicato e no partido político;

6- Dedicar-se à formação de lideranças e construir uma direção política dos trabalhadores;

7- Articular-se com os trabalhadores da cidade e da América Latina.

O QUE QUEREMOS

1- Legalização das terras ocupadas pelos trabalhadores;

2- Estabelecimento da área máxima para as propriedades rurais;

3- Desapropriação de todos os latifúndios;

4- Desapropriação das terras das multinacionais;

5- Demarcação das terras indígenas, com o reassentamento dos posseiros pobres em áreas da região;

6- Apuração e punição de todos os crimes contra os trabalhadores rurais;

7- Fim dos incentivos e subsídios do governo ao proálcool, jica e outros projetos que beneficiam os fazendeiros;

8- Mudança da política agrícola do governo dando prioridade ao pequeno produtor;

9- Fim da política de colonização.

Confissões do Latifúndio
Pedro Casaldáliga

Por onde passei,
plantei
a cerca farpada,
plantei a
queimada.
Por onde passei,
plantei
a morte matada.
Por onde passei,
matei
a tribo calada,
a roça suada,
a terra esperada...
Por onde passei,
tendo tudo em lei,
eu plantei o nada.

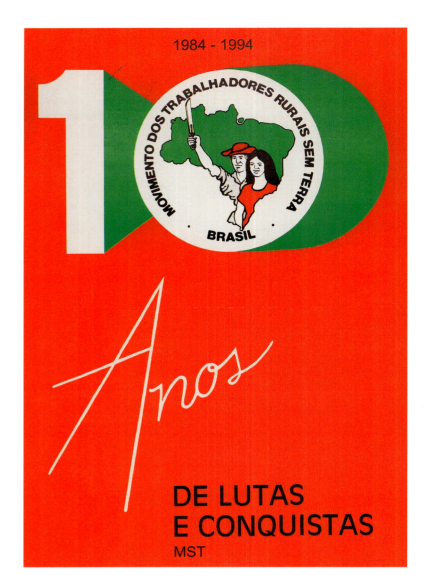

10 anos da retomada da LUTA CONQUISTA e RESISTÊNCIA na terra

DIAS: 7, 8, 9 de setembro de 1989
LOCAL: Encruzilhada Natalino — RS
APOIO: CPT — FETAG —

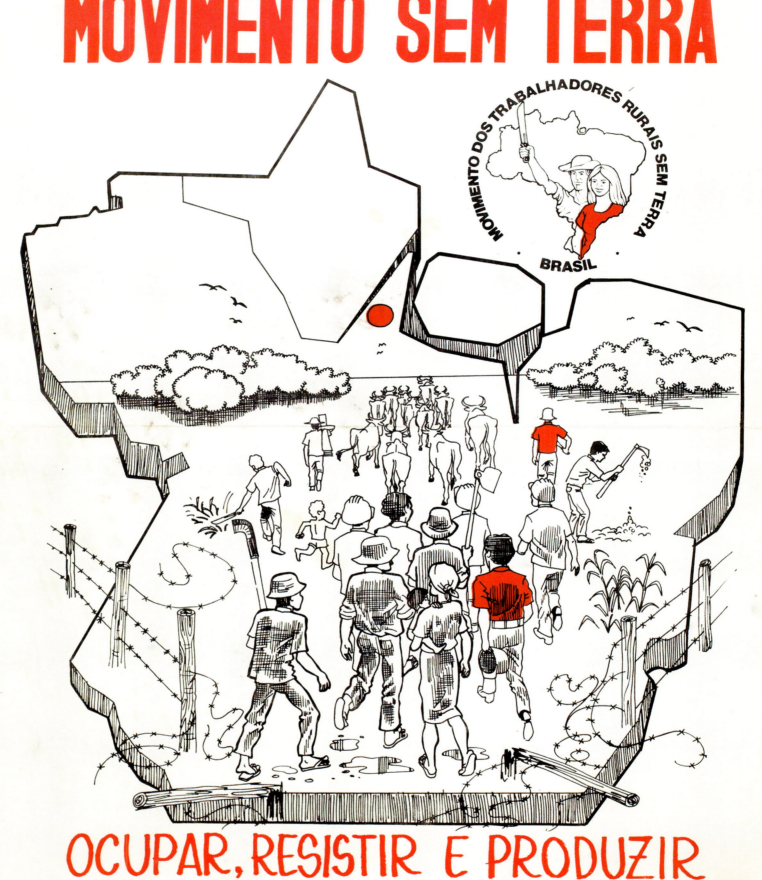

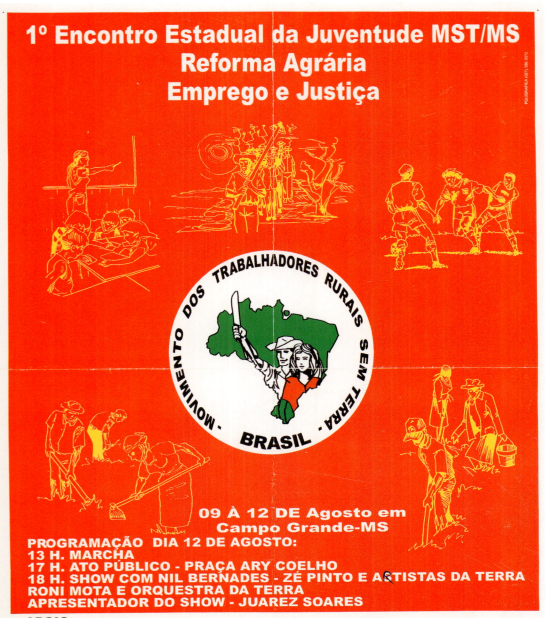

JORNADA NACIONAL PELA REFORMA AGRÁRIA
de 10 a 17 de abril

Movimento dos Trabalhadores Rurais Sem Terra

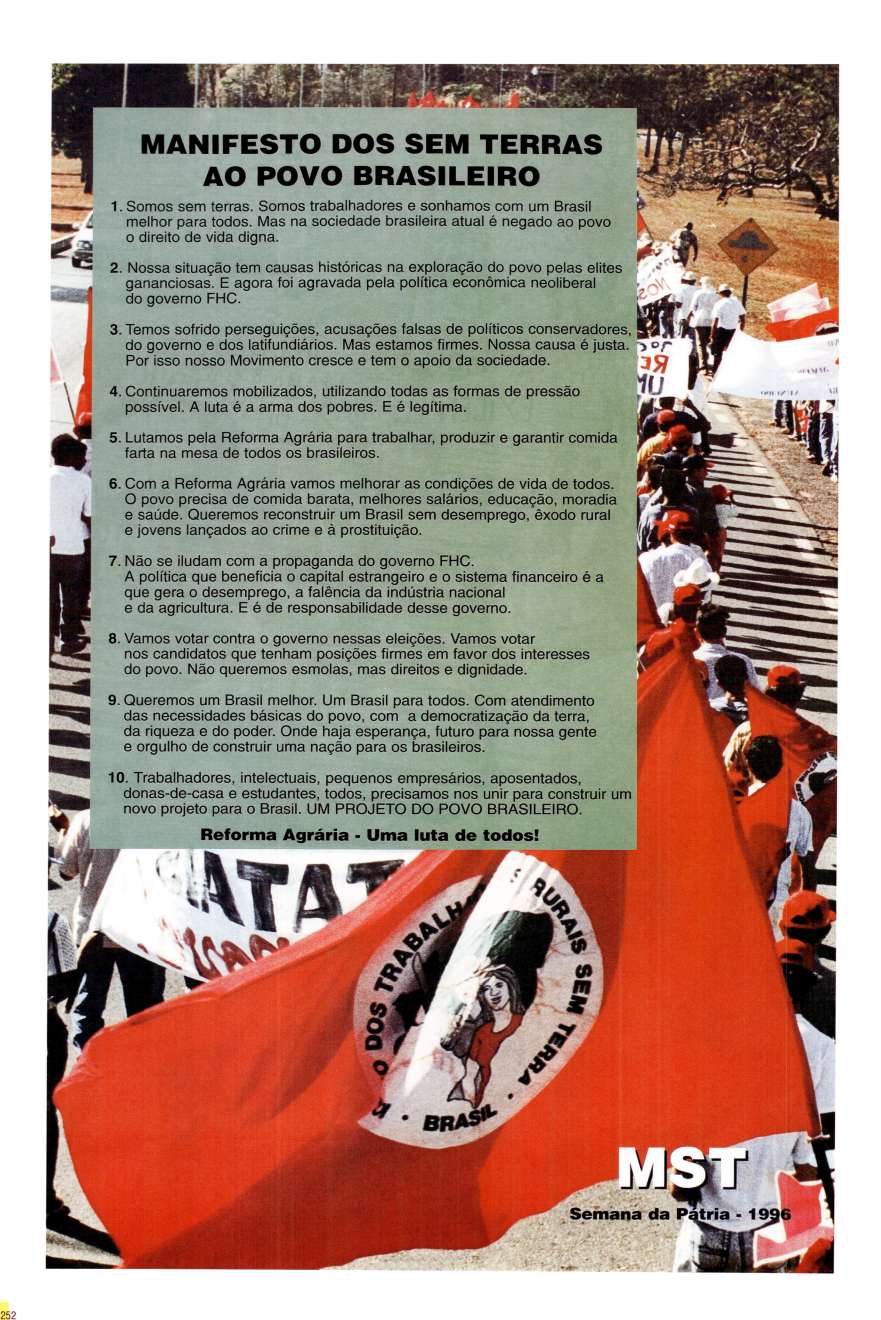

Este cartaz é de autoria de Jayme Leão

Movimento dos Trabalhadores Rurais Sem Terra
Setor Nacional de Saúde

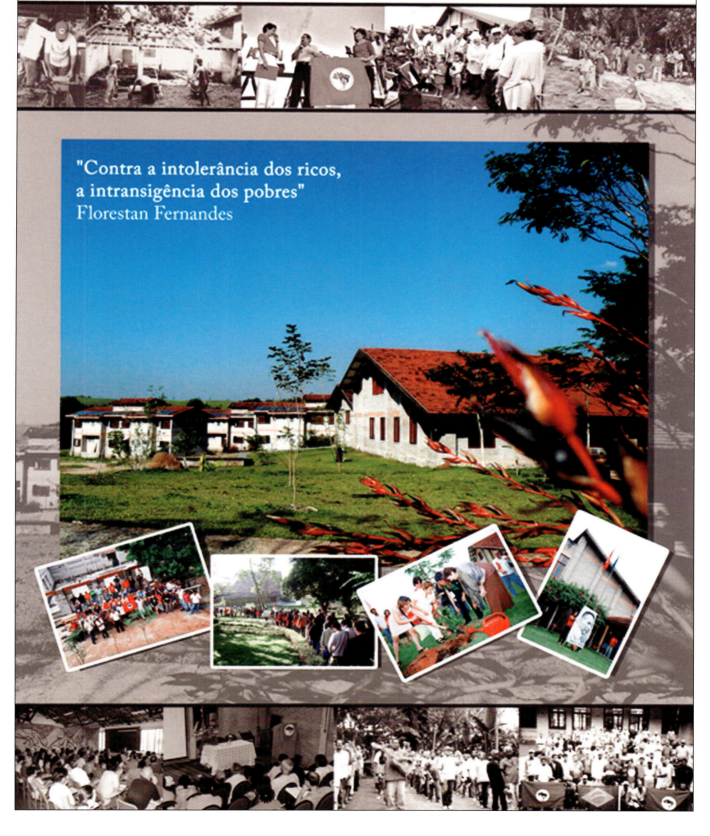

DIGA NÃO!

PLANO DOS RURALISTAS E DO GOVERNO GOLPISTA

AS 12 MEDIDAS DO GOVERNO TEMER CONTRA A AGRICULTURA E O POVO BRASILEIRO

1 Entregar as terras brasileiras para o capital estrangeiro;

2 Acabar com a Previdência e aposentadoria dos trabalhadores/as rurais. Afetando em especial as mulheres;

3 Liberar a exploração do trabalho escravo e impedir qualquer punição aos criminosos;

4 Legalizar o pagamento do salário dos assalariados rurais com comida e aluguel.

5 Acabar com a reforma agrária, e destruir o Incra;

6 Acabar com as políticas públicas voltadas para a agricultura familiar, camponesa e assentamentos, como os programas de Habitação rural, a educação no campo (Pronera), aquisição de alimentos (PAA), apoio sementes e assistência técnica;

7 Estimular a venda dos lotes dos assentados através da titulação privada e individual;

8 Acabar com a demarcação de terra dos povos Indígenas, Quilombolas e reservas ambientais, bem como retirar direitos dos pescadores, ribeirinhos e outras comunidades tradicionais;

9 Liberar o uso dos agrotóxicos e produtos transgênicos. Retirar sua identificação nos rótulos;

10 Perdoar as multas, dívidas e impostos bilionários do latifúndio e agronegócio com Estado;

11 Entregar as riquezas para as empresas estrangeiras: o petróleo do pré-sal, os minérios, a energia elétrica, a biodiversidade e a água;

12 Privatizar as empresas públicas rentáveis, como a Petrobras, Caixa, Correios, Banco do Brasil, Eletrobras e entrega da Base de Alcântara. Priorizar o capital estrangeiro e submetendo a política externa aos interesses dos Estados Unidos.

MOBILIZE-SE PARA IMPEDIR ESSE PLANO!

ADERE - MG

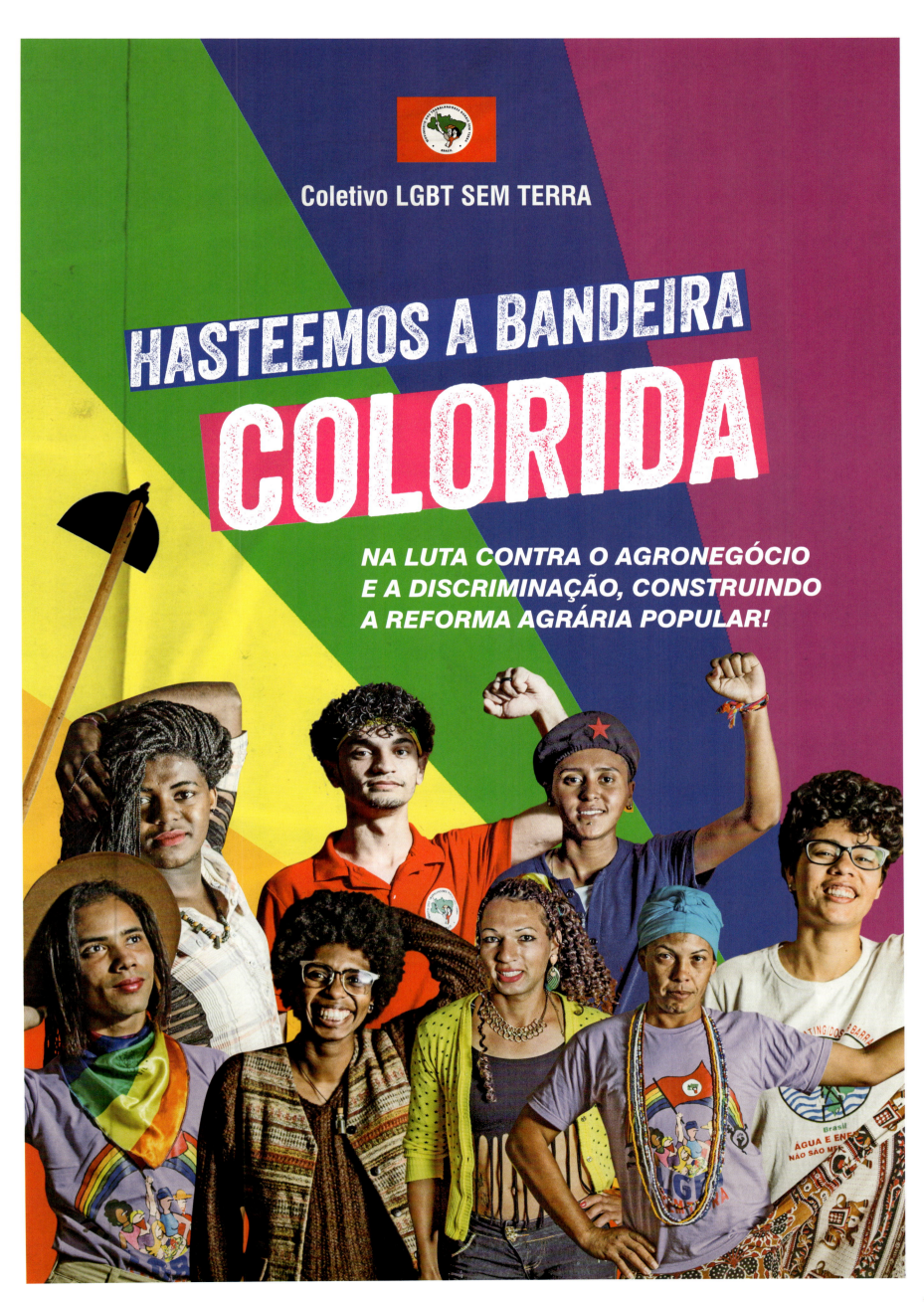

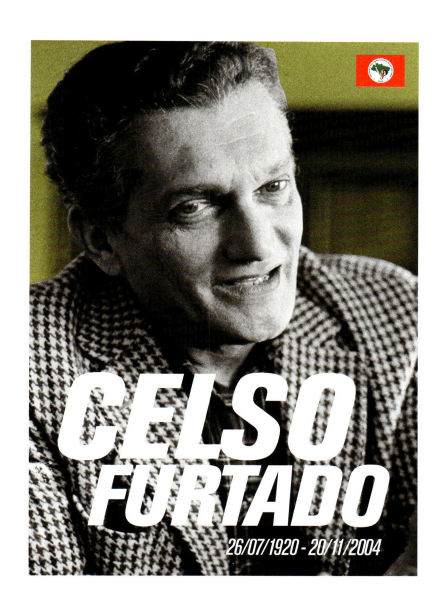
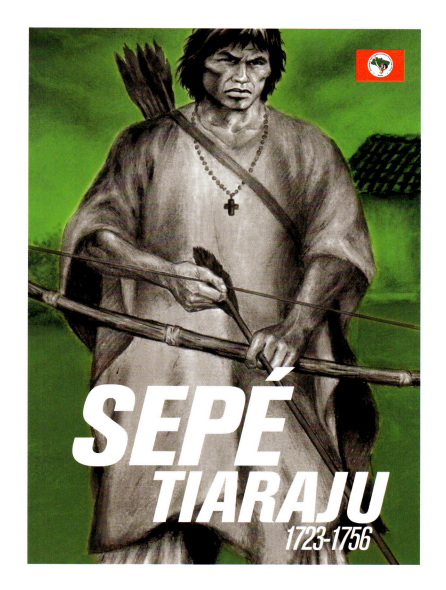
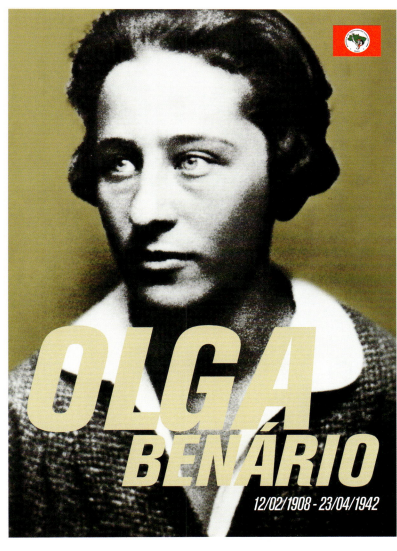

Sérgio Ferro

Sérgio Ferro

Sebastião Salgado

JOÃO ZINCLAR

FRANCISCO ROJAS

FLÁVIO CANNALONGA
IN MEMORIAM

Douglas Mansur

JOÃO RIPPER

LEONARDO MELGAREJO

OS CAMARADAS Gerson Knispel | 2008

A terra é nossa. Luta pela terra.

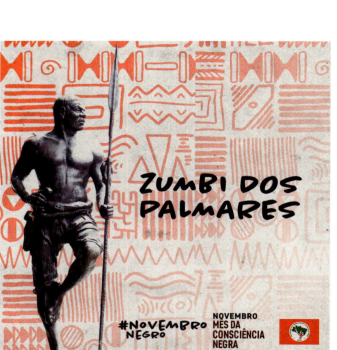

NOVAS EXPRESSÕES

Terá acabado o tempo dos cartazes? Acreditamos que não. Mas outras formas de expressão, de divulgação e comemoração da luta se somam com o avanço da tecnologia: memes, cards, banners, etc. Mas também as formas históricas da luta popular: stencil, murais, lambe-lambes.

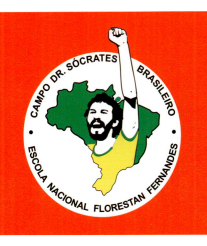

Agradecemos ao apoio do CEDEM (UNESP), Centro de Documentação Dom Tomás Balduíno (CPT), Arquivo do MST, Grupo Solidário São Domingos, Arquivo do Centro Pastoral Vergueiro (CPV) e Arquivo do IBASE por disponibilizarem seus acervos de cartazes para a pesquisa e publicação neste livro.

Para o processo de edição deste livro, foram reunidos 1600 cartazes físicos, digitalizados e arquivos de cartazes virtuais. O passo seguinte foi a relação e a ordenação dos grandes temas recorrentes neste acervo. A partir daí, nosso coletivo de edição cumpriu a difícil tarefa de seleção dos cartazes, levando em consideração critérios temáticos, geográficos, estéticos e de relevância histórica.

Para a ordenação dos cartazes, foi definida uma mescla entre eixos temáticos e ordem cronológica — seguida com necessária flexibilidade. Por fim, foram incluídos trabalhos de renomados fotógrafos e artistas que se transformaram ou compuseram cartazes. Também foram acrescentadas outras linguagens como lambe-lambes, *cards* e demais materiais digitais, produzidos a partir dos anos 2000, que foram veiculados apenas em plataformas virtuais.

Organizadores | Ana Chã, Camilo Álvarez, João Pedro Stedile, Lucimeire Barreto, Marina Tavares, Neuri Rosseto, Rogério Chaves, Vladimir Sacchetta

Pesquisa histórica | Camilo Álvarez e Lucimeire Barreto

Projeto gráfico | Marina Tavares

Editora | Expressão Popular

Ano | 2019

Impresso por IPSIS Gráfica e Editora

Dados Internacionais de Catalogação-na-Publicação (CIP)

S471   Sem terra em cartaz : Movimento dos Trabalhadores Rurais Sem Terra. / Organizadores: Ana Chã, Camilo Álvarez, João Pedro Stedile, Lucimeire Barreto, Marina Tavares, Neuri Rosseto, Rogério Chaves, Vladimir Sacchetta.- 1.ed.—São Paulo : Expressão Popular, 2019.
288 p. : fots.

Indexado em GeoDados - http://www.geodados.uem.br.
ISBN 978-85-7743-54-4

1. Movimento dos Trabalhadores Rurais Sem Terra - Cartazes. 2. MST – Cartazes. I. Chã, Ana, (Org.). II. Álvares, Camila (Org.). III. Stedile, João Pedro (Org.). IV. Barreto, Lucimeire, (Org.). V. Tavares, Mariana, (Org.). VI. Rosseto, Neuri. VI. Chaves, Rogério. VIII. Sachetta, Vladimir (Org.). IX. Título.

CDU 333.013.6

Catalogação na Publicação: Eliane M. S. Jovanovich CRB 9/1250

>> ACERVOS DE ORIGEM

Sempre na ordem da esquerda para a direita, de cima para baixo
Primeira foto – Segunda foto
Terceira foto – Quarta foto

POVOS INDÍGENAS
Abre povos indígenas – CPV
12 CEDEM
13 CEDEM, CEDEM, CPT
14 CPV, CPV, CPV
15 CPV
16 CEDEM
17 CPV, CPV, CPV
18 CPV
19 CPV
20 CPV, CPV, CPV
21 CPV
22 CPV, CPV
23 CPV
24 CEDEM, CEDEM
25 CPT, CPT, CPT
26 CPT, CPT, CPT
27 CPV
28 CPV, CPV
29 CPV
30 CPV
31 CPV, CPV
32 CPT
33 CPV, CPV, CPV
34 CPV, CPV
35 CPV

CANUDOS
38 CPT
39 CPT, CPT, CPT, CEDEM

ROMARIAS
42 CEDEM, CPV
43 CEDEM
44 CEDEM
45 CEDEM, CEDEM, CPT
46 CPT, CPT, CPT
47 CPT
48 CEDEM
49 CPT, CPT
50 CEDEM, CEDEM, CPT, CEDEM, CPT
51 CPT

DIA DO TRABALHADOR RURAL
54 CEDEM, CEDEM
55 CEDEM
56 CEDEM, CEDEM
57 CPV
58 CPT, CPT, CPT
59 CPV, CPV, CPV
60 CPV
61 CEDEM, CEDEM
62 CPT
63 CEDEM, CPT
64 CPT, CPT, CPT
65 CEDEM
66 CEDEM, CEDEM, CPT
67 CPV
68 CPV, CPV
69 CPV, CPV

REFORMA AGRÁRIA
72 CEDEM
73 CEDEM
74 ARQUIVO MST, CEDEM
75 CEDEM, CEDEM, CEDEM
76 CPT
77 ARQUIVO MST, CPT, CEDEM
78 CPT
79 ARQUIVO MST
80 CPT, CPT
81 CPV, CPV
82 CPV, ARQUIVO MST
83 CPT

VIOLÊNCIA NO CAMPO
86 CEDEM, ARQUIVO MST
87 CEDEM
88 CPT, CPT
89 CPT
90 CEDEM, CPV
91 CPV
92 CPV, CPT
93 CPT, CPV
94 CPV, CPV, CPV
95 CEDEM, CPV, CEDEM
96 CPT
97 CEDEM
98 CPT, CPT, CPT, CPV
99 CPV

MÁRTIRES
102 CEDEM
103 CEDEM
104 CEDEM, CEDEM, CEDEM
105 CEDEM, CEDEM
106 ARQUIVO MST
107 CPT, CPT
108 CPT, CPV, CPV
109 CEDEM, CPV, CPV
110 CEDEM, CEDEM, CEDEM
111 CEDEM
112 CEDEM, CPT, CEDEM
113 CPT
114 ARQUIVO MST
115 CPV

CAMPANHAS E JORNADAS
118 CEDEM
119 IBASE, CEDEM
120 CPT, CPT
121 CPT
122 IBASE
123 CPT, IBASE, CPV
124 CEDEM, CEDEM, CEDEM, CEDEM
125 CEDEM
126 CPV
127 CPV, CPV
128 CEDEM
129 CEDEM
130 CPV, IBASE
131 CPV
132 CPV, CPT
133 CPV
134 CPV, CPV, CPV
135 CPV
136 ARQUIVO MST
137 ARQUIVO MST, CEDEM
138 CEDEM, ARQUIVO MST
139 CPV, CPT, CPT
140 CPT, CPT
141 CEDEM
142 ARQUIVO MST, ARQUIVO MST
143 CEDEM, ARQUIVO MST

CULTURA
146 CEDEM
147 CEDEM
148 ARQUIVO MST, CPV, CPV
149 ARQUIVO MST, ARQUIVO MST
150 ARQUIVO MST, ARQUIVO MST, ARQUIVO MST
151 ARQUIVO MST
152 CPV, CPV, CPV
153 ARQUIVO MST
154 CEDEM
155 CEDEM, CEDEM
156 CEDEM, CEDEM, CEDEM
157 CEDEM
158 CPT
159 CPT, CPT, CPT

CONGRESSOS ENCONTROS E DEBATES
162 CPV
163 CPT, CEDEM
164 CEDEM, CEDEM
165 CEDEM
166 CEDEM
167 CEDEM, CEDEM, CPT, CEDEM
168 CEDEM, CEDEM, CEDEM
169 CEDEM
170 CEDEM, CEDEM, CPT, CPT
171 CPV
172 CPT
173 CEDEM, CEDEM
174 CPV, CPV
175 CPV, CPV
176 CPV, CPV
177 CPT, CPT, CPT
178 CEDEM
179 CEDEM, CEDEM
180 CEDEM, CPT, CPT
181 CPV
182 CPT, CPT, CPT
183 CPT, CPT, CPT
184 CPT, CEDEM, CPV
185 CEDEM
186 CEDEM
187 CEDEM, CPT
188 CEDEM, CPT
189 CPV
190 CEDEM, CPT
191 CPT, CPV
192 CPV
193 CPV, CPV
194 CEDEM
195 CPV
196 CPT, CPV, CPT
197 CPV
198 CPT, CPT
199 CPT, CPV
200 CEDEM
201 CEDEM, CEDEM, CEDEM
202 CPV, CPV
203 CPV
204 CEDEM, CPT
205 CEDEM, CPT, CPT
206/207 FOTOGRAFIA

SOLIDARIEDADE INTERNACIONAL
210 CEDEM
211 CEDEM, CEDEM
212 ARQUIVO MST
213 CEDEM
214 CEDEM
215 CEDEM, CEDEM
216 CEDEM
217 CEDEM
218 CEDEM
219 CEDEM, CEDEM
220 CEDEM, CEDEM
221 Grupo Solidário São Domingos
222 CEDEM, CEDEM, CEDEM
223 CEDEM
224 ARQUIVO MST
225 ARQUIVO MST

HOMENAGENS
228 ARQUIVO MST
229 CPV, ARQUIVO MST, ARQUIVO MST
230 ARQUIVO MST
231 ARQUIVO MST, ARQUIVO MST
232 ARQUIVO MST, ARQUIVO MST
233 ARQUIVO MST
234 CPT, ARQUIVO MST
235 CEDEM, ARQUIVO MST

MST
238 CEDEM
239 CEDEM
240 CPV
241 CEDEM
242 CEDEM, CPT
243 ARQUIVO MST, ARQUIVO MST
244 CEDEM
245 CEDEM, ARQUIVO MST
246 CEDEM, CEDEM
247 CEDEM, CEDEM
248 ARQUIVO MST
249 CEDEM
250 CEDEM, CPT
251 CEDEM
252 CEDEM
253 CEDEM
254 ARQUIVO MST, CEDEM
255 CEDEM
256 Não identificado
257 ARQUIVO MST
258 ARQUIVO MST
259 ARQUIVO MST
260 ARQUIVO MST, ARQUIVO MST
261 ARQUIVO MST
262 ARQUIVO MST
263 ARQUIVO MST, ARQUIVO MST, ARQUIVO MST, ARQUIVO MST
264 ARQUIVO MST
265 ARQUIVO MST, ARQUIVO MST
266 ARQUIVO MST (Sérgio Ferro)
267 ARQUIVO MST (Sergio Ferro)
268 ARQUIVO MST (Sebastião Salgado)
269 ARQUIVO MST (João Zinclar)
270 ARQUIVO MST (Francisco Rojas)
271 ARQUIVO MST (Flávio Cannalonga)
272 ARQUIVO MST (Douglas Mansur)
273 ARQUIVO MST (João Ripper)
274 ARQUIVO MST (Leonardo Melgarejo)
275 ARQUIVO MST (Gershon Knispel)

OUTRAS EXPRESSÕES
278 ARQUIVO MST, ARQUIVO MST, ARQUIVO MST, ARQUIVO MST, ARQUIVO MST
279 ARQUIVO MST, ARQUIVO MST
280 ARQUIVO MST
281 ARQUIVO MST, ARQUIVO MST, ARQUIVO, MST, ARQUIVO MST, ARQUIVO MST
282 ARQUIVO MST, ARQUIVO MST, ARQUIVO MST
283 ARQUIVO MST, ARQUIVO MST
284 ARQUIVO MST
285 ARQUIVO MST